Zu diesem Buch

Spirit Song ist die Geschichte von No-Eyes, einer außergewöhnlichen Chippewa-Medizinfrau, die ganz allein tief in den Rocky Mountains lebte. Und es ist die Geschichte von Summer Rain, einer jungen Amerikanerin mit Shoshonee-Vorfahren, die ihre Wurzeln wiederentdeckt und die große Weisheit der indianischen Philosophie erfährt.

Obgleich sie seit ihrer Geburt blind ist, bekommt No-Eyes alles, was sie zum Leben braucht, von der Natur, ihrem Land. Ihre geschärften Sinne leiten sie. Mit sanfter Disziplin, Humor und großem Einfühlungsvermögen führt sie Summer Rain durch eine Reihe umwälzender Erfahrungen und lehrt sie die Kenntnisse ihres Volkes, die sie in achtzig Jahren erworben hat, die alten Lehren des Großen Geistes, die den etablierten Religionen vorangingen. Der Leser kann sich dem warmherzigen, zutiefst persönlichen Bericht von der Beziehung einer alten Chippewa-Medizinfrau und einer suchenden Amerikanerin nicht entziehen. Es ist im wahrsten Sinne des Wortes ein *Spirit Song,* lebendig durch die Schönheit der Berge, im Wesen und Wirken des Lebens, im Herzen einer begnadeten und mutigen Indianerin.

Mary Summer Rain lebt mit ihrem Ehemann und den drei Töchtern in Eagle/Colorado. 1982 begegnete sie No-Eyes und war über zwei Jahre lang ihre Schülerin. Sie gründete das spirituelle Zentrum ‹Brotherhood of Mountain›. Das nächste Buch der Autorin mit indianischen, deutschen und französischen Vorfahren wird voraussichtlich im Sommer 1989 erscheinen.

Mary Summer Rain

Spirit Song

Der Weg einer Medizinfrau

Aus dem Amerikanischen von
Angela Roethe

rororo
transformation

rororo transformation
Herausgegeben von Bernd Jost
und Jutta Schwarz

Umschlaggestaltung Peter Keller
Illustration Stefan Kiefer

Deutsche Erstausgabe
Veröffentlicht im Rowohlt Taschenbuch Verlag GmbH,
Reinbek bei Hamburg, November 1988
Die Originalausgabe erschien bei The Donning Company/
Publishers Norfolk, Virginia Beach
unter dem Titel «Spirit Song – The Visionary Wisdom of No-Eyes»

Foto Rückseite: Mary Summer Rain
Mit freundlicher Genehmigung
Satz Trump Mediaeval (Linotron 202)
Gesamtherstellung Clausen & Bosse, Leck
Printed in Germany
1080-ISBN 3 499 18537 7

Dieses Buch ist in Liebe
den wiedergekehrten Lehrern gewidmet
und den Suchern,
die ihre Weisheit schätzen werden.

Vorwort der Autorin

Als die Bitterkeit eines langen, harten Winters auf den Berghängen zu schmelzen begann, ergossen unzählige Bäche und kleine Flüsse ihre eisigen Ankündigungen des kommenden Frühlings. Obwohl die Luft noch einen kühlenden Atem ausstieß, ermutigten sanfte Zeichen und Gerüche die wintermüden Herzen all derer, die voller Mut gewagt hatten, durch die tiefen Bergschluchten und entlang den tückischen Felsbänken der Rocky Mountains im Winter zu reisen. Das Volk-des-Landes begab sich nie auf solch leichtsinnige Reisen. Es war innerhalb der bequemen Begrenzungen seiner Winterlager unzweifelhaft sicher, warm und zufrieden. Wer würde also den Mutwillen besitzen, eine so gefährliche Reise zu unternehmen und dabei den sicheren Tod zu riskieren?

In der relativen Ruhe des Jahres 1805 suchte eine große und geschmeidige Shoshonee-Frau mit dem Namen Sacajawea in der tiefen Stille des Winters ihren Pfad durch die gefährlichen Rocky Mountains. Eine Gruppe elendiglich leidender, doch entschlossener Männer folgte jedem ihrer Schritte. Als sich die frostigen Finger des Winters zurückzogen und das schlafende Leben um die erschöpften Reisenden herum sanft zu erwachen begann, erreichten sie einen Punkt auf ihrer Reise, der Grey's Bay genannt wurde. Die Gruppe ruhte eine Weile zwischen zarten Weidensprossen und ließ sich von der sanften Wärme einer leichten Brise trösten, die über ihre rauhen Gesichter hinaus auf den Columbia-Fluß wehte. Der Fluß war deutlich durch das Abfließen des Bergschnees angeschwollen; er war jedoch noch weit von seinem höchsten Stand entfernt.

Die Männer hatten einen Teil ihrer körperlichen Energien wiedergewonnen, und ihr Geist war ermutigt und wieder verjüngt. Bald machten alle die einfachen Boote für die Fahrt über den vergleichsweise ruhigen Columbia-Fluß fertig. Der Hauch des Frühlings hatte ihre Herzen leichter gemacht, und die Männer begannen nun wieder, über Bemerkungen und Witze zu lachen. Sie waren so ausgelassen, daß sie beinahe mit einer Gruppe bemalter Chinook-Indianer zusammenstießen, als sie eine stark bewaldete Biegung des Flusses umrundeten. Angst packte sie, die deutlich in den gefrorenen, entsetzten Gesichtern der weißen Reisenden zu lesen war. Instinktiv griffen sie nach den bereitliegenden Waffen, entsicherten sie und warteten ab.

Die Shoshonee-Frau erhob sich ruhig, strich ihr fließendes, glänzendes Haar zurück und hob ihre zarte Hand zum Zeichen des Friedens. Sacajawea und der Führer der Chinook unterhielten sich gelassen in der allgemein gebräuchlichen Zeichensprache. Der Führer der Chinook forschte lang und hart in den Augen der weißen Männer. Die Spannung war so dick wie ein Wüstenstaubteufel.

Unvermittelt gab er ein Friedenszeichen und nickte Sacajawea zu. Sie waren frei, am Geist des Flusses teilzuhaben und ihre Reise fortzusetzen. Die Männer atmeten erleichtert auf, da die Lewis- und Clark-Expedition dank der mutigen und schönen Shoshonee-Frau wieder einmal dem drohenden Verhängnis entronnen war und ihre berühmte, in allen Geschichtsbüchern erwähnte Reise fortsetzen durfte.

Sacajawea führte ihre erschöpfte Gefolgschaft weiter nach Westen, während sich Hunderte von Meilen im Osten ihr Shoshonee-Stamm gemütlich in seinem Winterlager niedergelassen hatte.

Die letzten tosenden Winterstürme rüttelten an den robusten Behausungen des großen Stammes. Der Wind schien ein sadistisches Vergnügen daran zu finden, brüllend den Peitschenschwanz zu schwingen. Die Shoshonee jedoch ließen sich weder einschüchtern noch bedrohen. Jede Familie scharte sich um ihr eigenes loderndes Feuer und fand helles Entzücken daran, den ehrwürdigen Alten zuzuhören, die Schauergeschichten von den schreckenerregenden bösen Geistern und der Gerechtigkeit woben, die die gütigen Manitous ihnen zumaßen.

Während der Wind auf der Suche nach mehr Aufmerksamkeit mit seinem eisigen Schwanz herumpeitschte und aus seinen gefrorenen und aufgeblähten Nüstern immer wieder einen blindmachenden Schneesturm herausschnaubte, war es in einer einzelnen

Hütte am Rande des Lagers angespannt still. Die Frauen darin übten bestimmte, altüberlieferte Rituale aus.

Red Willow war kaum sechzehn und gerade dabei, das erste ihrer sieben Kinder zu gebären. Der beißende Geruch verschiedener Kräuter und Rinden zog in schlangenhaften Rauchkreisen durch die warme Hütte. Die Frauen, die nun ihre individuell zugewiesenen Aufgaben beendet hatten, warteten. Sie warteten geduldig. Plötzlich mußte der Geist des Winters mit einem Rivalen um die Aufmerksamkeit ringen. Er tobte und heulte noch lauter, steigerte sein Brüllen zu betäubender Stärke, doch das Schreien und Weinen des winzigen neuen Lebens siegte über die größten Anstrengungen des Winters. Der Winter gab nach, und alle feierten in ihren Hütten, während die Stimme von Walks-in-Woods laut und klar zu hören war.

Als die Jahreszeiten liebevoll an dem Shoshonee-Stamm vorübergingen und Walks-in-Woods zu einer schönen Frau mit vielen eigenen Kindern heranwuchs, wurde sie bekannt als She-Who-Sees. Walks-in-Woods hatte Visionen von vielen Dingen. Sie war allen im Stamm bekannt und viele suchten heimlich ihren Rat, von den Namen für ihre Kinder bis zu den besten Jagdgründen. Die Besucher waren nicht nur ihre Freundinnen und Verwandte; auch der Ältestenrat beriet sich heimlich mit ihr. So verbreitete sich ihr Ruf, und andere Mitglieder des Volkes reisten über große Entfernungen, um mit der Frau zu sprechen, «die sehen konnte».

Walks-in-Woods oder She-Who-Sees hatte die Angewohnheit, lange und wichtige Ausflüge in die Stille der Wälder zu machen. Sie unterhielt sich mit den Geistern des sanftäugigen Rehs und hörte auf die allwissende Weisheit, die die Berge ihr zuflüsterten. She-Who-Sees fürchtete um die Zukunft des Volkes. Sie zitterte und bebte im Bewußtsein des einsamen Wissens, das sie von den Geistern der Natur gesammelt hatte. Es belastete sie schwer. In ihrem gütigen Herzen fühlte She-Who-Sees sich, als ob ein riesiger Stein den Raum in ihrer Brust ausfüllte, an dem einst ein leichtes und unbeschwertes Herz sein fröhliches Lied geschlagen hatte.

She-Who-Sees wurde Zeugin davon, wie viele ihrer schrecklichsten Visionen Wirklichkeit wurden. Ihre Töchter heirateten weiße Männer. Die Händler, Trapper und Fährtenmacher wurden immer beherrschender. Als She-Who-Sees vom Alter gebeugt war und ihr wunderschönes Haar sich von reichem Ebenholz in die Farbe des Mondlichts verwandelt hatte, wurde sie Zeugin davon, wie eine weitere Vision sich verwirklichte. Die alte Frau hatte jetzt gesehen, wie auch ihre Enkeltöchter weiße Männer heirateten.

Von all den Zukunftsvisionen, die She-Who-Sees hatte, erschreckte sie eine am meisten. Sie sah ihre Blutslinie dünner und dünner werden und in dunkle Vergessenheit verschwinden. Zunächst tat sie das als große, innere Angst ab. Sicher würde diese furchtbare Vision nie Wirklichkeit werden!

Es ist nicht genau bekannt, warum She-Who-Sees sich schließlich auf ihre Lagerstatt zurückzog, da die Berichte, besonders indianische Berichte, in jenen Tagen nicht genau geführt wurden. Es war die Zeit der mündlichen Überlieferung. Es kann jedoch getrost davon ausgegangen werden, daß She-Who-Sees nicht weiter Zeugin ihrer Visionen sein wollte.

Als sie so zerbrechlich und still in ihrer neuen und ungewohnten Hütte lag, schaute She-Who-Sees kraftlos unter denjenigen herum, die sich versammelten, um ihr die Todeswache zu halten. Es wurde ein Schamane herbeigerufen, obwohl die Familie ihn nur noch selten fragte und nicht mehr an seine Kräfte glaubte. Es war herzzerreißend anzusehen, wie die alte Frau den Blick aus stumpfen Augen von einem zum anderen ängstlichen Gesicht wandern ließ und dabei kaum noch irgendwelche typischen Kennzeichen des roten Mannes in ihrer Familie entdeckte. Wo waren die starken, hohen Wangenknochen? Wo waren das feste Kinn und das Haar in der Farbe der Rabenflügel? Sie sah keines der wunderbar schlichten Gesichter ihrer Familie. Sie schaute wehmütig in die fremden, himmelblauen Augen ihrer Enkeltöchter. Voller Bedauern erinnerte sie sich an die erste Berührung des seidigen Haares ihres ersten Enkelsohns, dessen Haar die Farbe von Mais hatte.

Inmitten der überwältigenden Gerüche von brennenden Kräutern und Pflanzen und des unablässigen Redeschwalls des geschmückten Medizinmannes quoll eine einzelne Träne aus dem runzligen Augenwinkel der alten Frau und lief über ihre ledrige Wange. Sie sprach. Leise Töne entwichen ihrem Mund, und alle beugten sich näher heran, um ihre Worte zu hören, vielleicht ihre allerletzten.

«Ich habe viele wundersame Dinge gesehen, und sie sind alle eingetreten. Manche Dinge waren nicht so wundersam, aber die Geister haben sie nicht daran gehindert, auch wahr zu werden. Ich sehe, wie mein eigenes Blut um mich herum dünner wird. Es fließt so weiß wie Winterschnee. Ich sehe, wie dieses weiße Blut der Lebensweise des Volkes seinen weißen Rücken zukehrt. Mein Herz ist auf der Erde.»

Die Augenlider der Frau schlossen sich sanft, und sie ließ die Hand an ihre knochige Seite fallen. Sie lag still, sehr still. Die Umstehenden sahen sich schweigend an und wußten, daß die Alte gestorben war. Der Schamane ließ seine Kürbisrassel ausklingen und beäugte die zerbrechliche Gestalt auf dem modernen, pelzbedeckten Bett. Die Verwandten von She-Who-Sees wußten, daß ihre Visionen in der Tat wahr geworden waren. Sie waren jedoch nicht traurig darüber, denn sie wußten, daß dieser Weg für ihr Volk unvermeidlich war, wenn sie überleben wollten. Sie genossen die neuen und bequemen Gebräuche des weißen Mannes, und die alte Frau betrachteten sie als die letzte ihrer Art, eine, die sich nicht ändern konnte.

Plötzlich erschraken sie alle. Die alte Frau bewegte sich. Sie war mit ihren Worten noch nicht zu Ende. Wieder beugten sie sich näher herunter, hielten die Ohren an ihre trockenen Lippen. Die Stimme der Frau war ein kaum hörbares, gebrochenes Flüstern.

«Ihr werdet mit der Zeit sogar eure Geburt verleugnen. Doch ich sehe in der Zukunft eine Frau, die noch ein Teil von mir sein wird, und sie wird euch alle beschämen, denn sie wird so erfrischend sein wie der Sommerregen auf den Ebenen. Sie wird die Wege der Seele nicht vergessen.» Die alte Frau schloß die Lippen. Jetzt war sie frei.

Walks-in-Woods oder She-Who-Sees starb im Alter von 102. Viele Jahre vergingen, und diese Jahre brachten enorme Veränderungen für das Volk-des-Landes. Die Visionen und Worte der alten Frau wurden wirklich wahr. Ihre Abkömmlinge leugneten schließlich ihre Herkunft. Es war für sie nicht nützlich oder sozial schädlich, anders als die Weißen zu handeln, oder so dachten sie jedenfalls. Sie suchten alle das gute Leben, und das war einem Indianer einfach nicht zugänglich. Während die alte Frau in immer größere Ferne rückte, von den nachfolgenden Generationen vergessen, wurde es für das Volk undenkbar, zog es gar nicht erst in Betracht, sich zu seiner indianischen Herkunft zu bekennen. Traurigerweise waren sie schließlich sogar selbst davon überzeugt.

Diese traurige Geschichte hörte ich vor einigen Jahren. Wie ich dazu kam, ist nicht wichtig; sie tauchte jedoch sporadisch in meinen Gedanken auf und geisterte immer wieder durch meine Träume. Die kohlschwarzen Augen der alten Frau schienen mich herbeizuwinken; sie drangen buchstäblich in meine Seele. Ich konnte dem sanften Flüstern und den versteckten Andeutungen, die schmerzhaft an meinem Herzen zerrten, nicht länger widerstehen.

In den letzten Jahren begann ich, ein immer tieferes Interesse an der Geschichte der amerikanischen Ureinwohner zu entwickeln. Ich kaufte alle Arten indianischer Gegenstände und schmückte mein Haus mit diesen Töpferwaren und Webarbeiten. Mein Mann fand dies alles sehr interessant und ansprechend, meine drei jungen Töchter hielten es für ungewöhnlich, aber aufregend, und ich fühlte mich jetzt erst richtig heimisch zu Hause.

Es wurde mir klar, daß ich diese merkwürdige Geschichte nicht länger ignorieren konnte. Sie nagte ununterbrochen an mir. Es schien, daß ich keinen inneren Frieden finden würde, bis ich tiefer in die Geschichte eindrang. Aber wo sollte ich beginnen?

Ich ging zurück zu dem Menschen, von dem ich die Geschichte gehört hatte, aber meine Mühen wurden nicht belohnt. Ich konnte keine genauen Berichte finden, weil sie verborgen oder nicht vorhanden waren. Nachdem ich wieder und wieder erfolglos war, war ich fast soweit, die Suche aufzugeben. Vielleicht war die Geschichte nur eine dieser wunderbaren indianischen Legenden, die mit jedem Weitererzählen auch weiter ausgeschmückt werden.

Und dennoch konnte ein letzter Versuch sicher nicht schaden. Wieder rief ich dort an, wo ich die Geschichte der alten Frau gehört hatte. Es war mir etwas peinlich, noch einmal diese Geschichte aufzugreifen, aber ich überwand meinen Stolz und fragte nach weiteren Informationen. Mein verletzter Stolz wurde reich belohnt. Die Wahrheit der Geschichte wurde nur unter strengen Auflagen an mich enthüllt. Ich hörte genau zu, während sich mein Nackenhaar aufstellte und mein Herz wie zu dem fiebrigen Rhythmus der Kriegstrommeln raste. Ich dankte der Person am anderen Ende der Leitung und hängte den Hörer vorsichtig auf. Ich weiß nicht mehr, wie lange ich in Gedanken versunken auf dem Stuhl gesessen habe. So viele Visionen und Ideen mußten geordnet werden, aber eine Sache war klar: Ich konnte weder die alte Frau noch ihre weisen Wege vergessen. Ich würde She-Who-Sees nie vergessen, denn sie war meine Ahnfrau, und ich bin Summer Rain. Ich werde dich nicht vergessen, alte Großmutter. Dafür hast du gesorgt. Ich liebe dich.

Eine Frau mit dem Namen Bright Eyes

Mögen deine Mokassins die Schwelle der Wahrheit überschreiten,
und möge dein Pfad in die Schönheit dahinter führen.

Es war Herbst. Obwohl die fortgeschrittene Jahreszeit normalerweise die Härte eines grausamen, eisigen Winters angekündigt hätte, genoß das kleine Lager der Chippewa das goldene Geschenk der Mutter Erde, einen strahlenden, ausgiebigen Altweibersommer. Es war in der Tat für dieses nördliche Gebiet von Minnesota eine Seltenheit, so spät im Jahr dieses milde Wetter zu erleben. Aber das Volk spürte jetzt viele neue Veränderungen.

Die Stimmen im Wind sagten Veränderungen voraus. Die runzligen alten Schamanen prophezeiten Veränderungen. Veränderungen schwebten überall; manche hatten bereits ihren häßlich krummen Weg in die Gegenwart gefunden, während andere langsam ihre sicheren Pfade in das Dorf einschlugen.

Die winzige Siedlung kuschelte sich gemütlich zwischen dem Place-of-Still-Waters und den Red Mountains. Der Ältestenrat hielt viele regelmäßige Versammlungen, um die Zukunft des kleinen Stamms zu besprechen. Die weißen Soldaten waren überall, und die Freiheit des Volks mußte von einem kostbaren Moment zum nächsten gehegt werden. Obwohl sie erst seit drei Wochen lagerten, schienen die Warnungen des Windes anzudeuten, daß sie sehr bald wieder unterwegs sein würden – aber wohin? In der letzten Zeit war dies ein ernstes Problem.

Während die Männer bis spät in die Nacht sprachen und stritten, war Pretty Weasel tief in den Anstrengungen ihrer ersten und einzigen Geburtswehen. Sie war in Schwierigkeiten. Sie hatte gehorsam die genauen Anweisungen der Medizinfrau befolgt, aber dennoch lief etwas völlig falsch. Sie wußte es. Ihre müden Helferinnen wußten es. Und Yellow Bird Woman, die Medizinfrau, wußte es. Schließlich, nachdem Pretty Weasel als letzten Ausweg ein Kraut bekommen hatte, trat ein winziges Mädchen in die Welt der Chippewa. Pretty Weasel war jetzt erschöpft, aber überglücklich, daß es vorbei war.

Yellow Bird Woman untersuchte das neue Kind sorgfältig. Traurig sah sie von einem ernsten Gesicht zum nächsten und schüttelte nur den Kopf. Sie legte ein gebräuchliches Gemisch von Kräutern und Schlamm auf die Augen des Säuglings, spuckte auf die dunkle Masse und wischte sie weg. Sie blickte in die winzigen Augen. Wieder schüttelte sie den Kopf.

«Wo ist mein Baby?» fragte Pretty Weasel.

Die Medizinfrau legte die kleine Gestalt in die wartenden Arme seiner Mutter. Sofort begann sie eifrig zu nuckeln.

«Das Kleine ist in jeder Weise vollkommen, bis auf eine», sagte Yellow Bird Woman leise. «Sie wird nie mit ihren Augen sehen, aber ihr Geist wird Dinge sehen, die wir nicht sehen können.»

Da wußte Pretty Weasel, daß sie ein besonderes Kind geboren hatte. Ein Kind, das eine Aufgabe im Leben haben würde. Das war etwas Besonderes. Gewöhnlich kannte man ihre Aufgabe nicht, bis sie eine Vision hatten, aber dieses winzige Wesen, nur wenige Minuten alt, kannte ihre schon. Pretty Weasel war geehrt, und ihr großes Herz war voller Stolz. Das Kind trank friedlich, während Yellow Bird Woman ihre Arbeit an der neuen Mutter zu Ende brachte. «Pretty Weasel, das wird dein einziges Kind sein. Du kannst keine mehr bekommen», sagte sie

Pretty Weasel lächelte hinab auf das kleine, hungrige Kind. «Das akzeptiere ich. Ich habe alles, was ich brauche. Ich nenne sie Bright Eyes, denn sie wird wundersame Dinge sehen.»

Es war im Jahr 1892.

Es ergab sich, daß die kleine Siedlung beim Place-of-Still-Waters in der Nähe der Red Mountains bleiben konnte. Und viele strenge Winter kamen und gingen.

Das kleine, blinde Baby wuchs mit Leichtigkeit zum Mädchen

und mit Anmut früh zur Reife. Sie hatte wenige Freunde, mit denen sie spielen konnte, da das Mädchen mit dem Namen Bright Eyes anders war. Sie wußte viele persönliche Sachen über die anderen jungen Mädchen, und das mochten sie natürlich nicht. Pretty Weasel sorgte allein für ihre Tochter. Sie heiratete nie und sprach mit Bright Eyes auch nie über ihren Vater. Diese Tatsache schien das junge Mädchen nicht zu kümmern. Ihre Tage waren damit erfüllt, so viele Dinge zu lernen und zu spüren. Sie lebte ihr Leben mit ihrer Mutter, und sie teilten wundervolle Zeiten miteinander.

Zusammen genossen sie das Fischen und das Jagen. Bright Eyes' Sinne waren so scharf, daß sie die Tiere oft vor ihrer Mutter hörte.

Pretty Weasel brachte ihrer Tochter alles bei, was sie wissen mußte, um allein zu leben. Sie erzählte Bright Eyes all die wunderbaren Legenden und Geschichten ihrer glorreichen Vergangenheit. Zusammen saßen sie am warmen Feuer und lachten und teilten miteinander. Zusammen waren sie vollkommen zufrieden und selbstgenügsam.

Die Siedlung blieb vierzehn Jahre lang unverändert, bis die unvermeidlichen Übergriffe der weißen Gesellschaft auch diese Siedlung einholten. Sie lag zwar weit entfernt, aber nicht entfernt genug. Die Regierung des weißen Mannes schickte Abgesandte in die entlegene Siedlung. Die Indianerkinder mußten nun die Schulen des weißen Mannes besuchen. Die Kinder mußten die Sprache des weißen Mannes und seine Art zu leben lernen. Schließlich trafen die vorhergesagten Veränderungen ein. Pretty Weasel war durch diese Veränderungen, die bei ihren Leuten stattfanden, verängstigt. Wie konnte sie ihr blindes Kind in eine Schule des weißen Mannes schicken? Was wußten die, was Bright Eyes nicht schon wußte? Pretty Weasel besprach es mit ihrer Tochter, und unter dem vollständigen Schutz des Neumondes verließen die beiden zusammen die Siedlung, die sie vierzehn Jahre lang ihr Zuhause genannt hatten.

Sie stiegen höher und höher in die Berge hinauf. Als sie tief in den Wald vorgedrungen waren, hielten sie an einem Platz an, der ihnen sicher schien. Dann gingen sie, nur um ganz gewiß zu sein, noch weiter und noch tiefer.

Sie schufteten Tag für Tag. Sie sammelten gestürzte Stämme für den Bau eines ungehobelten Hauses und formten ein Dach aus Ästen und Zweigen, die sie mit dichtem Buschwerk bedeckten. Sie vermengten getrocknete Gräser mit Schlamm und füllten damit die Lücken und Ritzen in den Wänden. Mehrere aneinandergenähte Häute dienten als Türbehang. Sie waren erfinderisch und arbeitsam – sie mußten es sein, die Notwendigkeit erforderte es. Als alles fertig war, betrachteten die beiden erschöpften Frauen zufrieden ihr neues Heim. Vor allem waren sie stolz auf die Möglichkeit, weiter in Freiheit zu leben.

Wieder arbeiteten sie zusammen, um sich zu versorgen. Sie konnten lachen und ihre einfache Lebensart genießen. Die Sonne war warm auf ihren Gesichtern, und Vater Himmel lächelte liebevoll auf sie herab. Was konnten sie mehr wünschen? Manchmal hatten sie sogar einen gelegentlichen Besucher. Two Trees war der Dorfschamane. Er wurde jetzt älter, und sein Lehrling war darauf vorbereitet, der Oberschamane zu werden. Der ältere Medizinmann war in diesen Tagen immer häufiger außerhalb des Dorfes, besonders jetzt, da die Gewohnheiten des weißen Mannes so viele der vergangenen Gebräuche der glorreichen, über lange Zeit geehrten Traditionen der Indianer zu ersetzen begannen. Es war ein sinnloser Kampf. Er hatte keine innere Energie mehr, gegen diese neuen Leute anzugehen. Ja, er kannte die fremde Zunge, aber weiter wollte er den beiden Kulturen nicht erlauben, sich zu vermischen. Nie würden sie sich vermischen können.

Two Trees machte es sich zur regelmäßigen Gewohnheit, Pretty Weasel und ihre begabte Tochter Bright Eyes zu besuchen. Er brachte immer frische Kaninchen und Fisch für die beiden Frauen. Manchmal verbrachte er viele Tage bei ihnen. Sie sprachen bis tief in die Nacht über ihre wunderbare Lebensweise, die jetzt für immer zu verschwinden drohte. Two Trees besserte die Blockhütte der Frauen aus und verstärkte das Dach. Es dauerte nicht lang, bis er mehr oben in den Bergen war als im Dorf. Er sah, daß er dort nicht mehr gebraucht wurde, und ging schließlich hinauf in die Berge, um nie zum Dorf zurückzukehren.

Vielleicht dachten die Leute im Dorf, der alte Schamane sei in den Wald gegangen, um zu sterben, wie das oft der Brauch war. Two Trees war jedoch noch nicht bereit zu sterben. Er hatte noch viel zu tun. Seine Zeit war noch nicht gekommen. Two Trees baute sich ungefähr eine halbe Meile von Pretty Weasel und ihrer Tochter entfernt ein Heim. Den beiden Nachbarn war es ein großer Trost zu wissen, daß der andere da war, daß er ein freier Mensch blieb.

Eines Sommermorgens, Bright Eyes war sechzehn Jahre alt, begleitete sie ihre Mutter zu einem nahen Teich, an dem die Teichrohrkolben üppig wucherten. Die zwei sprachen über den besonders schönen Tag, und ihre Herzen strömten über von der Fülle, die nur aus Freude und völliger Zufriedenheit erwächst. Plötzlich verzog sich die glatte Stirn der jugendlichen Bright Eyes in Falten.

Pretty Weasel sah die Veränderung. «Welcher Feind stört unseren wunderbaren Tag?»

«Ich habe mich gefragt, wie viele Monde lang das Leben noch so sein wird. Ich habe an Veränderungen gedacht, Mutter.» Pretty Weasel strich ihrer Tochter über das glänzende Haar. «Müssen deine Gedanken einen Feind in unseren Tag bringen? Jeder Tag ist neu, und wir können die Veränderungen nicht für immer fernhalten. Wir können nur für jeden Tag dankbar sein, an dem wir so frei leben können wie wir wollen. Das Morgen wird für sich selber sorgen. Wir sind hier, und die Knollen sind reif zum Ausgraben.»

Bright Eyes war durch die Weisheit ihrer Mutter beruhigt. Sie begann, am schlammigen Ufer des Teiches zu graben. Plötzlich hielt die junge Frau inne und hob ihr Gesicht zur Sonne. Pretty Weasel hatte sich an die unsichtbaren Visionen ihrer Tochter gewöhnt. Auch sie hörte auf zu graben. Sie wartete respektvoll, bis die junge Frau bereit war zu enthüllen, was sie gesehen hatte.

Bright Eyes sah in den Himmel. Ihr Geist sah, wie sich eine große Wolke formte, und war von ihr verzückt. Sie begann ihre gewohnte Reise. Ihre kleinen Füße verließen die kühle Feuchtigkeit der Erde. Sie schwebte mühelos zu der Wolke empor. Sie ging in sie hinein. In ihr waren viele Dorfgemeinschaften versammelt, die alle friedlich miteinander lebten. Alle waren ähnlich angezogen. Alle trugen die Gewänder des Geistertanzes. Sie ging unter den Leuten herum, bis sich ein großer Häuptling zu ihr gesellte und mit ihr zu seinem Tipi ging. Drinnen waren die Wände aus Häuten mit vielfältigen und fremdartigen Symbolen geschmückt, Zeichen, die sie noch nie gesehen hatte. Sie setzten sich hin.

Er sprach leise. «Die Zeit ist gekommen für Bright Eyes, ihre Aufgabe zu erfüllen. Du wirst eine lange Reise in die Berge weit weg im Westen machen. Du wirst die Weisheit aus den Herzen derer, die dich finden, hervorholen. Du wirst unsere Lebensart lebendig halten. Aber erst mußt du noch viele der alten Weisen und Wege lernen. Two Trees, dein Vater, wird dich alles lehren, was du wissen mußt. Du bist blind, aber du siehst alles, was du sehen mußt. Geh jetzt, du hast viel zu tun.» Bright Eyes war wieder auf dem nassen Gras beim Teich. Sie drehte sich langsam um und sah ihrer Mutter ins Gesicht. «Mein Vater hat mich viel zu lehren, Mutter. Ich habe viel zu lernen, bevor ich hier fortgehe.»

Pretty Weasel drückte ihre Tochter fest an sich. Sie war froh, daß die junge Frau endlich wußte, wer ihr Vater war. Daß der Schamane eine Frau geliebt hatte, war ein furchtbares Vergehen. Deswegen war es notwendig gewesen, dieses Geheimnis zu hüten. Nun, da die Vision eine schwere Last von ihren Schultern genommen hatte, gab es nichts Trennendes mehr zwischen ihnen. Sie sammelten die Knollen ein und kehrten heim.

Pretty Weasel hörte aufmerksam zu, als ihre Tochter von der ungewöhnlichen Vision berichtete. Lange sprachen sie darüber und planten bis spät in den Abend. Viele Veränderungen lagen jetzt in der Luft.

Ruhelos warf sich Bright Eyes die ganze Nacht hin und her. Ihre Träume waren voll merkwürdiger Menschen. Sie sah sich selbst allein leben, bis ins hohe Alter. Große Seher von allen Stämmen kamen und gingen, um mit ihr zu sprechen. Sie sah, wie sie Menschen die alten Gebräuche lehrte. Sie hielt schützend die Kontrolle über die Geister der Dunkelheit. Sie kommunizierte leicht mit den Geistern des Lichts und den Wesen der Kraft. Bright Eyes war ungeduldig, ihre Aufgabe zu erfüllen.

Auch Pretty Weasel wälzte sich unruhig auf ihrem Bett hin und her. Sie wußte, daß ihre Tochter jetzt wirklich eine Frau war. Sie wußte, daß sie sie nicht mehr oft sehen würde. Sie war stolz darauf, die Mutter einer Frau wie Bright Eyes zu sein. Doch ihr Herz war schwer von Traurigkeit. Ihre Tochter trug eine große Last. Der Große Geist mußte über sie wachen.

Kurz bevor die langen, orangefarbenen Finger der Morgendämmerung das Hausdach der beiden Frauen berührten, wurden Pretty Weasel und Bright Eyes von vollkommenem Schlaf liebkost, und er brachte ihnen liebevolle Friedlichkeit.

Es war nicht Bright Eyes' Bestimmung, so bald zu gehen. Sie lebte mit Pretty Weasel noch viele herrliche Jahre lang. Aber alle Tage verbrachte sie mit ihrem Vater, dem Schamanen Two Trees. Sie lernte die heilenden Eigenschaften der vielfältigen Pflanzen von Mutter Erde. Sie arbeitete lang und schwer, um Geist und Seele zu befreien und an Orte zu reisen, die es bisher nicht einmal in Träumen gab. Sie stimmte ihre scharfen Sinne ein, wechselte geistige Schwingungsgänge und gelangte auf Ebenen und in Dimensionen verschiedener existierender Realitäten. Sie entdeckte komplexe Wahrheiten über die feine Essenz der Zeit – nur der physische Körper erfährt die Gegenwart, aber die Seele erfährt Vergangenheit und Zukunft. Sie lernte die schmale Öffnung im Schleier zu finden, die ihrem Geist erlaubte, mit jenen zu sprechen, die nicht mehr in den physischen Grenzen weilten. Sie benutzte verschiedene Farben und reine Töne, um zu heilen. Gefühle wurden beobachtet. Die Natur wurde beobachtet. Sie beobachtete sich selbst. Nach zehn Jahren intensiven Lernens hatte Two Trees sie nichts mehr zu lehren. Seine Aufgabe war getan. Ihre begann gerade.

Pretty Weasel beendete die Vorbereitungen für Bright Eyes' lange Reise. Die junge Frau war jetzt sechsundzwanzig und wollte einige der unternehmungslustigen Leute aus dem Dorf begleiten, die nach Westen reisten. Viele aus dem Volk wanderten jetzt frei umher, und sie trachteten nicht mehr so danach, an einem Ort zu bleiben, wie sie es früher getan hatten. Die Welt stand ihnen offen. Und sie machten davon Gebrauch, wann immer sie konnten. Bright Eyes ging mit Freunden und reiste mit einem Zug, der viele Tage fuhr.

Pretty Weasel und Two Trees zogen zusammen in ein Haus. Der

alte Schamane hielt ein waches Auge darauf, wo sich seine Tochter aufhielt und was sie tat. Das Paar wurde älter, und Two Trees pflegte oft ganz überraschend zu Pretty Weasel zu sagen: «Bright Eyes ist heute in einer schönen Hütte. Sie lernt neue Pflanzen kennen.» Ein andermal verkündete er plötzlich: «Bright Eyes hat einen guten Menschen getroffen. Sie ist eine gute Lehrerin.» Er hielt ein wachsames Auge über ihre Fortschritte. Er war stolz auf ihre Fertigkeiten. Nun war er bereit, in Frieden zu sterben.

Die Wegkreuzung im Wald

Möge ein Weiser deinen gewundenen Pfad kreuzen,
und möge deine Seele das erkennen und verstehen.

An einem hellen Frühlingsmorgen in den Rocky Mountains von Colorado, als die winzigen Espenknospen noch aussahen wie pelzig graue Weidenkätzchen, genoß eine alte Frau ihren regelmäßigen, meditativen Spaziergang durch den Wald, als sie die Anwesenheit von etwas Neuem spürte. Sie erstarrte und ließ ihren Geist suchen. Sie beobachtete still, von den Anwesenden unbemerkt.

Eine junge Frau mit langem, dunklem Haar saß auf einem Baumstamm und weinte still. Die Frau dachte wohl, sie wäre allein. Schließlich war es ein selten besuchter Teil des Waldes – fast jungfräulich, wie Menschen es bezeichnen würden. Da merkte die junge Frau auf dem Baumstamm, daß sie doch nicht allein war. Sie sah die alte Frau im Schatten stehen. Sie erschrak.

Die alte Frau sprach zuerst. «Hast du dich verlaufen?»

«Nein», kam die unsichere Antwort.

«Suchst du jemanden?»

«Nein.»

«Bist du hungrig?»

«Nein.»

«Ist das alles, was du sagen kannst?»

«Nein. Ich meine, ich bin hergekommen, um allein zu sein. Ich wußte nicht, daß auch noch andere hierherkommen. Kommst du oft hierher?»

Die alte Frau nickte. «Ich komme nicht einfach hierher. Ich lebe hier. Dies ist mein Zuhause.»

Die junge Frau zeigte ihr Erstaunen darüber, daß die alte Indianerin in einem so abgeschiedenen Teil der Wildnis lebte. Ihre Stimmung änderte sich. «Wie viele Menschen leben denn hier oben?»

«Einer, ich», kam die kurze Antwort.

Nun merkte die jüngere Frau, daß die alte Indianerin auch noch blind war. «Du bist blind!»

«Nicht so wie du! Siehst du erst jetzt, daß ich blind bin?» schnauzte sie.

«Entschuldigung. Das war wirklich unhöflich von mir. Wenn dies dein Besitz ist, werde ich gehen. Du willst offensichtlich auch allein sein.» Sie wandte sich ab und begann davonzugehen.

Die Alte hinderte die Jüngere nicht zu gehen. Sie ließ ihren Geist wandern, um eine Information zu bekommen. Dann rief sie laut: *«Summer Rain!»*

Ich wirbelte in fassungslosem Erstaunen herum. Die alte Frau kannte meinen Namen! Den Namen, den niemand benutzte. Den Namen, den meine Urahnin nur einmal in meinem Leben benutzt hatte. Mein Mund stand in ungläubigem Staunen offen.

Die Alte machte eine Bewegung, daß ich näher kommen sollte. Sie hatte ein wissendes Grinsen im Gesicht. «Komm, gehen wir zu meiner Hütte. Dort reden wir.»

Ich war immer noch völlig benommen. Ich folgte der Frau durch den Wald, den sie offenbar kannte wie ihren runzligen Handrükken. Allmählich wurde mein Geist wieder klarer. Und in der Stille, die folgte, fragte ich mich, wie diese Fremde meinen anderen Namen erfahren haben konnte.

«Das erzähle ich dir in der Hütte», antwortete sie schlicht. Sie hatte dieses komische Grinsen, das die Furche ihrer Mundwinkel hinaufkroch und schmales, rosa Zahnfleisch entblößte. Ich konnte bei ihrem lustigen Anblick nicht anders als zurückzugrinsen.

«Ist was komisch?»

«Aber nein. Oder doch, ja. Die ganze Sache ist so unglaublich!» gestand ich.

«Hmm!» murmelte sie dazu nur.

Wir gingen auf eine Lichtung und überquerten eine alte, unkrautüberwucherte Straße. Auf der Kuppe eines Hügels stand eine rohgezimmerte Holzhütte mit einer überdachten Veranda.

«Wir sind da», stellte sie fest und führte mich die ausgetretenen Stufen hoch.

Als wir drinnen waren, forderte sie mich mit einer Bewegung auf, mich auf das Sofa von der Heilsarmee zu setzen, während sie in der kleinen Küche verschwand.

Ich fragte mich, ob es klug gewesen war, der alten Frau zu folgen. Vielleicht war sie verrückt. Vielleicht sollte ich ihr nächstes Opfer sein. Man hört und liest heute über so viele schreckliche Dinge. Ich wurde immer unruhiger und wäre am liebsten davongelaufen.

«Ich bin *nicht* verrückt! Da *draußen* sind die Verrückten!» schrie sie und zeigte mit einem knotigen Finger aus dem Fenster. «Summer hat von Verrückten da draußen gelesen. Du wirst sehen. Wir sprechen darüber. Erst mache ich guten Tee.»

Die alte Spinnerin hatte mich angeschrien. Das machte mir angst. Aber was mir wirklich noch mehr angst machte, war festzustellen, daß sie meine Gedanken las. Mein Gott, sie konnte meine Gedanken hören!

«Mmmh», brummte sie bestätigend.

In meinem Kopf raste es schneller als die Autos auf der Indianapolis 500. Mit wem oder was hatte ich es hier zu tun? Wer war diese einsame, alte, blinde Frau? Wer denn bloß?

«Das sagte ich noch. Das sage ich *alles* noch. Erst trinken wir Tee.» Sie kam in den Wohnbereich zurück, gab mir eine Tasse Tee und setzte sich selbst auf einen wackligen, reparaturbedürftigen Schaukelstuhl. Er unterbrach mit seinem rhythmischen Rumpeln und Quietschen die ungemütliche Stille. Sie war blind, aber sie sah direkt durch mich hindurch. «Ich weiß, wer du bist. Weißt du, wer du bist?»

«Natürlich weiß ich, wer ich bin», verteidigte ich mich.

«Pah! Du *denkst* nur, du weißt, wer du bist. Hier sind jetzt viele Leute. Sie wissen auch nicht, wer sie sind. Ich weiß es.» Sie nippte an ihrem Getränk und schaukelte.

Ich sah in ihre Augen und sah darin kein Irresein. Ich fand nicht die geringsten Anzeichen dafür. Doch da war etwas, was ich sah, aber nicht verstand. Etwas, was ich noch nie in jemandes Augen gesehen hatte – noch nie.

«Summer sieht sich selbst», stellte sie schlicht fest

«Wer *bist* du?» fragte ich sanft.

«Du hast *mir* noch nicht geantwortet.»

«Habe ich doch. Ich sagte, ich wüßte, wer ich sei.»

«Das ist keine Antwort. Du weißt, das ist keine Antwort. Du hast immer noch nicht gesagt, wer du bist», beharrte sie.

«Ich bin Summer Rain. Wer bist du?»

«Ich bin Bright Eyes, eine Chippewa aus Minnesota. Wo kommst *du* her?»

«Ursprünglich aus Michigan. Jetzt lebe ich in Woodland Park.»

«Wo?»

«Woodland Park.»

«Das meine ich nicht. *Wo* kommst du her?»

Inzwischen war ich ziemlich frustriert von dieser völlig sinnentleerten Unterhaltung, die sich wie ein verrücktes Karussell drehte und nicht zum Stillstand kommen konnte. Ich seufzte.

«Okay, reden wir etwas anderes. Du bist noch nicht bereit zuzugeben, wo du herkommst – vielleicht weißt du es noch nicht. Wir kommen später darauf. Warum bist du heute im Wald?»

«Ich wollte allein sein», antwortete ich knapp.

«Du bist nie allein. Menschen sind nie allein. Es ist immer jemand da», sagte sie leiser, als sie durch das kleine Zimmer kam und sich neben mich setzte. Sie legte eine runzlige Hand auf meinen Schoß. «Summer, unsere Wege haben sich heute aus gutem Grund gekreuzt. Du bist nicht die erste, die hierher kommt. Ich treffe in meinem Wald auch andere, die allein sein wollen. Wir werden gute Freunde. Ich lehre sie viele Dinge. Sie erinnern sich, wer sie sind, wo sie herkommen, warum sie hier sind. Wir verbringen viele Tage miteinander, sogar viele Nächte. Wir gehen an viele Orte, hier oben.» Sie zeigte auf ihre Stirn. «Summer ist auch hierher geschickt worden. Wir reden miteinander. Du wirst auch lernen.»

Ich war nicht begriffsstutzig. Ich wußte von den unendlichen Möglichkeiten auf dem Rad des Schicksals. Mein Mann und ich hatten jahrelang gelesen, gesucht und studiert. Wir hatten einige paranormale Fähigkeiten entwickelt, und ich wußte, daß diese Dinge vorkamen. Ich wußte, daß es viele Menschen mit diesen Fähigkeiten gab, die einfach nicht erklärt werden konnten. Daher begann der Ernst dessen, was die alte Frau sagte, langsam in meinen dicken Kopf einzusickern. Einfach gesagt, war sie eine spirituelle Lehrerin, und es war mir bestimmt, sie zu treffen. Ich fing an, unbeherrscht zu zittern. Ich hatte so lange gewartet, um bestimmte Gedanken und Erlebnisse mit jemandem zu teilen, der wußte, wovon ich spreche, der mich verstehen würde. Es ist so einsam, zwischen den Blinden und Tauben dieser Welt zu leben. Ich zitterte am ganzen Körper. Und ich war verlegen.

«Das ist ein gutes Zeichen», sagte sie, während ihre kleine braune Hand gemeinsam mit meinem zitternden Knie zuckte. «Das zeigt, du weißt, ich sage die Wahrheit. Das heißt, du glaubst. Das sagt alles, Summer.» Sie grinste. Alles, was ich tun konnte, war zu lächeln. Sie grinste noch breiter und klopfte mir auf den Schenkel. Wärme durchflutete mich bis in den tiefen Kern meines Seins. Das Zittern hielt an, aber es kümmerte mich nicht. Es war die natürliche körperliche Antwort auf die Begegnung mit einem Menschen, der eine ähnliche Seele besaß. Es war mein narrensicheres, persönliches Barometer für das Erkennen einer Seele. Es machte mich verlegen und war zur gleichen Zeit wunderbar. Ich merkte, daß die alte Dame respektvoll wartete, bis ich das Gedankengewirr in meinem Kopf auseinandersortiert hatte. Vielleicht leistete sie mir in diesem Durcheinander Gesellschaft. Ich vermutete es wenigstens. Auf alle Fälle war ich wahnsinnig aufgeregt, daß ich sie getroffen hatte. (Ob vom Schicksal so bestimmt oder sonstwie.) Ich wußte: *Das* war es für mich. Endlich hatte ich einen soliden Zugang zum Verständnis der feineren Aspekte von so vielen komplexen Theorien und Auffassungen. Endlich würde ich meinen Weg zu einem vollkommenen Verständnis davon und von mir selbst beschreiten. Vielleicht könnte diese alte Lehrerin sogar ganz genau meine Aufgabe zeigen – ein Thema, das seit Jahren in mir nagte und bohrte.

«Das findet Summer selbst heraus. Das sage ich ihr nicht. Ich *weiß* es, aber ich sage es nicht. Das kommt von innen, von hier.» Sie zeigte wieder auf ihre Stirn.

Ich lächelte wissend. Natürlich kann kein Mensch auf der Erde einem anderen erzählen, was seine Aufgabe ist. Ich glaubte der Alten, daß sie meine Bestimmung kannte. Ich glaubte auch, daß sie mir eine unabdingbare Hilfe darin sein würde, mich zu einem Punkt zu bringen, an dem ich diese Aufgabe tief in mir selbst finden würde. Ich wußte in meinem Herzen, daß dieses runzlige Wesen und ich sehr viel Zeit miteinander verbringen würden, daß wir gute Freundinnen werden würden.

Sie drückte mein Knie. «Wir werden gute Freundinnen sein. Vielleicht sogar mehr. Du wirst sehen. Also, warum hast du im Wald geweint?»

Ich hatte das deutliche Gefühl, daß Bright Eyes bereits die Antworten auf alle Fragen, die sie stellte, wußte.

«Ich glaube, du weißt warum, Bright Eyes.»

«Hmm! Das ist kein Grund, nicht zu sprechen. Vielleicht ist es so. Vielleicht weiß ich es. Was tut's! Wie sollen wir reden, wenn ich mit mir rede? Soll ich Summer Rain fragen und auch antworten? Und wann spricht Summer dann, he?»

Sie hatte eine so drollige Art zu sprechen. Ich verstand, was sie meinte, und spielte das Spiel der weisen Frau mit. Ich antwortete auf ihre Fragen, Fragen, auf die sie die Antworten bereits kannte. Als ich später allein war und über unseren gemeinsamen Tag nachdenken konnte, stellte ich fest, daß diese unheimliche Fähigkeit von ihr keinen Raum für kleine Ausflüchte ließ.

«Ich habe geweint, weil ich das Leben so frustrierend finde.»

«Das ist nur die Oberfläche des Problems. Grab tiefer.»

«Alles, was ich tue, wird in irgendeiner Weise blockiert. Es scheint, daß ich die Barriere nicht durchbrechen kann. Ich fühle mich, als ob ich mit dem Kopf immer gegen eine Mauer renne. Ich komme immer so weit, daß ich denke, ich gewinne, und dann erwächst plötzlich eine riesige Barriere, und ich kann keinen Schritt mehr tun. Es ist so niederschmetternd. Das geht schon seit sieben Jahren so. Ich habe geweint, weil ich mich den Barrieren gegenüber so hilflos fühle. Sie behalten immer die Oberhand.»

Die alte Frau nahm meine Tasse und führte mich auf ihre Veranda. Wir saßen in der Sonne, die die Stufen wärmte. «Sie behalten nicht immer die Oberhand, Summer. Sie besiegen dich nicht immer. Jetzt ist ihr Sieg vorbei. Jetzt bist *du* dran.»

«Wie gern würde ich das glauben.» Die Sonne fühlte sich auf meinem müden Körper gut und tröstlich an. Ich ließ mich von der Wärme einhüllen und seufzte.

«Summer, ich weiß, wer du bist. Du weißt es auch. Du fühlst es hier.» Sie klopfte auf meine Brust. «Andere wissen, wer du bist. Sie sind auf der falschen Seite. Sie wollen nicht, daß Leute wie du gewinnen. Sie haben starke Medizin. Summer, *deine* Medizin ist stärker. Du gewinnst. Bald siehst du es.»

«Wenn das nur wahr wäre.»

«Ist so! Ich weiß. Viele Leute sind jetzt hier wie du. Sie kommen nicht, zu sitzen und verlieren. Sie kommen, zu gewinnen! Summer, ich sage dir, etwas Großes geschieht. Genau hier in den Bergen. Es ist noch nicht da. Stimmen im Wind erzählen Bright Eyes große Dinge. Bright Eyes reist in kommende Tage. Ich sehe. Überall machen Menschen wie du für große Dinge sich bereit. Du fühlst es. Ich weiß, du fühlst es.»

«Ich fühle nur einen unglaublichen Drang loszugehen. Ich spüre einen wahnsinnigen Druck weiterzugehen, mich um meine Aufgabe zu kümmern. Mir ist so bange, wenn ich an die Zukunft denke. Ich kriege solche Angst, Bright Eyes. Ich muß *jetzt* gewinnen! Die Zeit ist zu kurz.»

«Woher weißt du, die Zeit ist zu kurz? Wer hat Summer das gesagt, he?»

«Ist eine solche Frage nicht unwichtig? Ich glaube, du weißt, was ich meine. Die Zeichen sind überall um uns herum, Bright Eyes. Es geht abwärts, genauso, wie es vorausgesagt worden ist. Jeder Tag bringt uns näher dahin. Je näher wir kommen, desto mehr Druck spüre ich. Diese Dinge muß mir *niemand* sagen. Sie sind für alle ganz deutlich zu sehen. Und ich habe fast keine Kraft mehr, mich selbst vorwärtszutreiben.»

«Summer will aufgeben? Was will Summer tun?»

«Ich weiß nicht, ich weiß es wirklich nicht. Ich habe über so viele Arten fortzugehen nachgedacht, daß ich sie nicht mehr alle zählen kann. Aber wenn ich an meine Kinder und Bill denke, dann hält es mich zurück. Manchmal haben wir sogar erwogen, gemeinsam zu gehen. Bright Eyes, der Druck ist so groß, und die Kämpfe mit den anderen haben uns allmählich erschöpft. Bill hatte die Idee, daß wir im Schlaf gehen und andere kommen lassen sollen, um an unserer Stelle weiterzumachen. Aber wenn ich an all die Kämpfe denke, die wir ausgetragen haben, wozu wäre es dann gut, jemanden anderen unseren Platz einnehmen zu lassen, um die Aufgabe zu Ende zu führen? *Wir* sollten diejenigen sein, die Aufgabe zu Ende bringen, deretwegen wir gekommen sind. Ich glaube nicht, daß unsere Seelen in dem Wissen, daß wir aufgegeben haben, daß wir unsere Aufgabe an andere übergeben haben, Ruhe fänden. Also bleiben wir hier, um weiterzumachen. Aber der Druck ist so groß, und die Dringlichkeit der Zeit lastet schwer auf uns.»

«Ihr glaubt, ihr seid damit allein?»

«Nein. Wir wissen, daß andere hier dasselbe fühlen. Aber dieses Wissen ist kein Trost, weißt du. Nur daran zu denken, daß andere die gleichen frustrierenden Kämpfe führen, macht es noch schlimmer. Warum gelingt es uns allen nicht, am richtigen Platz zu stehen, wenn die Dinge so nah sind? Warum muß es jedesmal den Bach hinuntergehen? Ich verstehe es einfach nicht.»

«Alles zur Zeit des Großen Geistes, Summer, alles zu Seiner Zeit.»

«Aber wir haben soviel zu tun...»

«Das ist auch die Zeit, wo ich komme. Du lernst schnell von mir.» Sie neigte sich nah an mein Gesicht und flüsterte: «Wir sind wie die Schlangen im Gras. Wir schlüpfen an den anderen vorbei. Sie wissen nicht mal, wann du die Kampflinie überschreitest. Schließlich gewinnst du. Ich kenne viele Arten, diese anderen zu überlisten. Du wirst sehen, Summer, du wirst sehen.»

Sie gab mir einen rettenden Strohhalm, an dem ich mich festhalten konnte. Und das tat ich mit all meiner verbleibenden Kraft.

Aber sie war noch nicht fertig. «All ihr Menschen seid an richtiger Stelle, wenn die Zeit zählt. Ich kenne andere Menschen hier. Sie sind dann bei dir und helfen dir. Eine große Brüderschaft der Berge will für viele Menschen, die Wahrheiten suchen, ein Mittelpunkt sein. Summer ist ein großer Teil davon.»

«Wann? Wo? Bright Eyes, ich zweifle nicht, aber dafür sind gewisse Dinge nötig...»

«Summer zweifelt *doch*!» unterbrach sie mich ärgerlich. «Mit dummem Denken *versagt* Summer. Summer weiß viel, aber Summer *denkt* nicht! Du kannst jetzt nicht aufgeben, egal, wie Dinge aussehen! Ich sehe! Ich weiß, was kommt! Was kümmern mich die anderen. Ich bringe dich durch.»

Ich wußte auch, was kommen würde, und es jagte mir heillose Schrecken ein. So wenig Zeit und soviel zu tun.

«Das ist kein Weg zu denken. Summer und ihr guter Mann *gewinnen*! Ich sehe viele Tage und viele Nächte Arbeit für Summer. Wir schaffen es zusammen. Zusammen besiegen wir die Zeit.»

Ich hörte zu. Ich hoffte. Ich denke, daß ich sogar daran glaubte. Ich wünschte es so sehr.

«Summer weiß, ich habe recht, wie, Summer?»

«Ich glaube, daß du in der Lage bist, uns zu helfen. Ich glaube, daß du Dinge weißt, die nicht in Büchern zu finden sind. Ich glaube, du kannst helfen.»

«Ich tu mehr als helfen. Ich werde eine gute Freundin sein, Summer. Ich öffne Türen und führe dich hindurch, und bei einigen Türen lasse ich dich drunter durchrutschen. Die Brüderschaft der Berge taugt nichts ohne Summer. Wir bringen sie aus der Zukunft ins *Jetzt*.»

Ich hatte plötzlich das dringende Bedürfnis, die alte, runzlige Frau zu umarmen. Sie strahlte unglaublich positive und liebevolle Schwingungen aus. Sie würde mein Rettungsseil sein, meine einsame, spirituelle Lebensretterin auf dem turbulenten Meer der seelischen Auseinandersetzung, in der wir uns schon so lange befanden. Ich griff danach und klammerte mich daran fest, um zu überleben. Nicht nur für *mein* Leben, sondern auch um meiner Aufgabe willen und für das Leben derjenigen, die dableiben würden, die kommenden Schrecken zu ertragen – den letzten Herbst der Menschheit.

Ich umarmte dieses Häufchen Haut und Knochen. Ich weinte, als sie ihre dünnen Arme um mich legte und meinen Kopf streichelte. Es war, als ob ich die Reinkarnation meiner Urahnin She-Who-Sees gefunden hätte. Es war, als ob die Zeit die Jahre, die She-Who-Sees und mich trennten, zu einem Punkt zusammengezogen hätte. Wir waren eins in unserer Aufgabe. Wir waren eins in unserem Denken. Wir waren eins in unseren Seelen.

Und so verlief das Treffen zweier Menschen, eine alterslos, mit zeitlosem Wissen, eine ein Grünschnabel, ganz am Anfang. An jenem Frühlingsabend fuhr ich mit neuem Feuer in Geist und Seele nach Hause, mit einem Feuer, das so hell war wie das strahlende, orangefarbene Feuer, das am Abendhimmel im Westen brannte.

Stimmen der Wahrheit

Möge dein Blick so gerade sein wie ein Pfeil,
und mögen all deine Pfeile auf die Wahrheit zielen.

Die Rückfahrt an dem Abend nach meinem ersten Treffen mit No-Eyes (der Name, den sie mich statt ihres richtigen Namens zu benutzen bat) gab mir den nötigen Raum, um den auf mich einstürmenden Gedanken nachzugehen. Welche Ironie. Ich war an jenem Morgen in den Wald gegangen mit dem Gefühl einer totalen Isolation von der Welt. Ich war in einer tiefen Depression, weil ich wieder einmal im Rücken diese kalte, harte Wand gefühlt hatte. Doch nun, als ich den Wald verließ, war ich richtig vergnügt und aufgeregt, erfüllt von einer wunderbaren neuen Hoffnung. Es war, als habe die Wand, noch während ich mich dagegenlehnte, wie durch Zauber plötzlich eine Geheimtür bekommen. Ich fiel hindurch und entdeckte meine Öffnung in die Zukunft. Den ganzen Weg nach Hause schwebte ich auf Wolken.

Zu Hause angekommen, setzte ich mich mit Bill erst mal hin und ließ in aller Ruhe noch einmal meinen erstaunlichen Tag abrollen. Ich erzählte ihm, daß ich anfänglich gedacht hatte, die alte Frau sei verrückt. Wie ich sie im Geiste sogar als alte Spinnerin bezeichnet hatte. Ich erzählte von ihrer unbeholfenen Ausdrucksweise und davon, wie komisch ihre oft verdrehten Sätze klangen. Am besten war es natürlich, ihm die wunderbaren Sachen weiter zu erzählen, die No-Eyes mir gesagt hatte.

Bill erkannte die Zeichen sofort. Auch er war auf diese weise Frau gespannt, die dazu berufen schien, uns mehr zu lehren und uns bei unserer Aufgabe zu helfen. Gott wirkte auf merkwürdige Weise und zu Seiner Zeit – aber Er wirkte dessen ungeachtet. Wir machten Pläne für meine regelmäßigen Besuche bei der alten Frau. Ich würde mit ihr sprechen und von ihr soviel wie möglich lernen. Dann würde ich die Lektionen wiederholen und Bill daran teilhaben lassen. Auf diese Weise würde das Wissen der alten Frau bei uns gleichermaßen Früchte tragen. An dieser Stelle möchte ich mir gern einen Augenblick Zeit nehmen, um zu sagen, daß ich mit einem vollkommenen Lebenspartner gesegnet bin. Bill und ich waren schon in der Schule ineinander verliebt, und wir haben mit neunzehn geheiratet. Unser Leben ist finanziell immer schwierig gewesen; unsere verwandten Seelen haben jedoch während all der unglaublich schweren Zeiten großen Trost im tiefen Gefühl der Zusammengehörigkeit gefunden. Wir haben immer jeden noch so kleinen Gedanken geteilt. Wir haben niemals Geheimnisse voreinander gehabt – nie. Ich glaube, wir sind schon einzigartig. No-Eyes erzählte mir später, daß sich Bill, als wir noch vor der jetzigen Inkarnation auf der Ebene der Seelen waren, freiwillig für eine Aufgabe gemeldet hat und ich wieder mit ihm zusammen sein wollte. Sie erzählte mir auch, daß wir schon in vielen früheren Leben als Lebenspartner zusammen gewesen seien. Als ich später selber das *Buch der Lebensaufzeichnungen* sehen konnte, sah ich, daß es wahr war. Kein Wunder, daß wir so gut zusammenpassen.

Wir beschlossen aufgeregt, daß ich gleich am nächsten Tag No-Eyes aufsuchen sollte. Wir sahen keinen Sinn darin, Zeit zu verschwenden; wir hatten das Gefühl, es sei ohnehin genug Zeit verschwendet worden – zuviel Zeit. Der Schlaf ließ in jener Nacht lange auf sich warten. Wir wälzten uns beide hin und her.

Erneut brach ein herrlicher Frühlingsmorgen an. Das ist sehr ungewöhnlich und deshalb ein Glücksfall, denn in den Bergen Colorados ist der Frühling meistens naß von schwerem Schnee. Als ich zu der langen Fahrt in den Wald des Nationalparks aufbrach, glänzte die Sonne am strahlenden Himmel. Ich war von großer Erwartung erfüllt. Die Welt sah wieder so rein und unschuldig aus wie ein neugeborenes Kind. Und wo ich hinsah, gab es wirklich Zeichen von Wiedergeburt. An den Espen sprossen flaumige kleine Knospen. Entlang der Straße hüpften unbeholfen junge Vögel. Grüne Schößlinge der Gräser glitzerten unter den Tautropfen.

Die Weiden zeigten hellgrüne Spitzen neuen Wachstums. Und neue Hoffnung flatterte in meinem Herzen wie ein Schwarm verspielter Schmetterlinge. Es war gut. Es war wieder so gut.

Es gelang mir, den unkrautüberwucherten Weg zu finden, der in die Nähe des Hügels der Frau führte. Ich mußte in einiger Entfernung parken, da Felsbrocken auf den Weg gerollt waren. Ich stieg aus und erfrischte meine Sinne an der kühlen Morgenluft der Berge. Überall waren Vögel. Eichhörnchen jagten einander in drolligen Fangspielen die Kiefern hinauf und hinunter. Aktivität blühte auf. Ich blühte auf. Die Berge ließen mich aufblühen. Sie gaben mir Leben.

Ich riß mich von der Schönheit der Wälder los und stieg den kleinen Hügel zur Hütte hinauf. Ich überquerte die Veranda und klopfte sanft an.

Keine Antwort.

Ich klopfte wieder, diesmal lauter. Vielleicht hörte sie schlecht.

Keine Antwort.

Ich spähte durch die Fenster. Die Gardinen waren zugezogen, aber das verschlissene Material war sehr locker gewebt. Drinnen war es dunkel, aber ich konnte alles erkennen. No-Eyes war nirgendwo zu sehen. Ich klopfte erneut, noch lauter.

«Willst du die Tür kaputtmachen?»

Die Alte kam hinter mir aus dem Wald hervor.

Ziemlich überrascht drehte ich mich um. «Hallo. Ich dachte schon, du seist nicht zu Hause.»

«Wo soll ich gehen? Draußen rumfahren? Außerdem bist du spät!»

Ich sah sie ungläubig an. «Spät! Ich hab dir nicht mal gesagt, daß ich heute früh hier heraufkommen würde. Wie kann ich dann spät sein?»

«Ich weiß, du kommst heute. Ich denke, du bist viel früher hier. Summer ist nicht begierig anzufangen?»

«Doch, ich bin begierig anzufangen. Wann hätte ich denn hier sein sollen?»

«Bevor die Sonne hier ist, dann. Summer muß lernen, den neuen Tag zu begrüßen. Jetzt geht das nicht mehr. Nun ist die Sonne schon gegrüßt.» Sie zuckte ihre schmalen Schultern und ging an mir vorbei in die Hütte. Sie kam zurück zum Eingang. «Willst du den ganzen Tag da draußen stehen?»

Sie hatte wirklich eine unhöflich klingende Art zu sprechen. Ich schrieb das ihren fehlenden Sprachkenntnissen zu. Rasch folgte ich ihr in die Hütte.

«Ich brauche nicht besser sprechen. Ich weiß, was ich sage. Summer muß viel lernen. Keine Zeit für Geplauder.»

Ich grinste. «Ich dachte, du hättest gesagt, wir hätten reichlich Zeit.»

Sie blickte finster. «Du denkst, du bist schlau! Bist du nicht! Du hast nur einen schlauen Mund, das ist alles.»

Ich war wirklich in Verlegenheit. Ich hatte nur versucht, das Eis zu brechen, indem ich mit ihr spielte. Sie hatte mich sofort auf meinen Platz verwiesen. Schüler spielen nicht – sie lernen. «Tut mir leid. Ich hab's nicht so gemeint, wie es geklungen haben muß.»

«Ich weiß, wie's gemeint war. Ich bin nicht dumm wie manche Menschen, die ich kenne.» Sie sah durch mich hindurch und grinste. Wir hatten unseren Frieden geschlossen.

Also verstand sie die Sprache doch. Sie war wirklich eine gescheite Person. Dennoch mußte ich bei ihr auf meine Wortplänkeleien achten. Sie waren eine Gewohnheit von mir und ich merkte, daß diese weise Frau sehr sachbezogen war, außer wenn *sie* mit dem Scherzen begann.

«Komm, setz dich.»

Ich setzte mich auf das alte Sofa, und sie zog ihren Schaukelstuhl heran. Wir sahen uns jetzt direkt an. Irgend etwas ging in ihrem Kopf vor. Vielleicht schätzte sie mich ein. Vielleicht wog sie meine Lernfähigkeiten ab. Was auch immer sie tat, es dauerte nicht lang. Sie sah mir in die Augen. Es war unheimlich. Wenn ich es nicht besser gewußt hätte, hätte ich geglaubt, sie sähe mich wirklich. Sie lehnte sich im Schaukelstuhl zurück, aber es blieb still.

«Woher weiß du, daß ich bin, was ich sage?» begann sie.

«Ich fühle es. Gestern hast du sogar gesagt, mein Zittern sei ein gutes Zeichen gewesen. Ich weiß, daß es für mich ein Zeichen des Erkennens ist. Ich weiß, daß du bist, was du sagst.»

«Und was?»

Ich dachte einen Augenblick nach. «Nun, ich habe dich zwar erst gestern kennengelernt, aber im Verlauf unseres Gesprächs gestern wurde mir klar, daß du dir gewisser Dinge bewußt bist, wie es nur wenige Menschen sind. Du kanntest meine Gedanken. Du siehst, ohne zu sehen. Du bist hier als spirituelle Lehrerin.»

«Hmm!»

Was auch immer das hieß, ich wußte es nicht. Ich sollte in den kommenden Monaten oft dieses «Hmm» hören.

«Du bist ziemlich schlau.»

«Nein, das sind nur Gefühle», gab ich leise zu.

«Glaubt Summer immer an Gefühle?»

«Ja.»

«Warum?»

«Weil meine Gefühle echter sind als meine körperlichen Sinne. Meine Gefühle lenken meine bewußten Gedanken.»

«Warum?»

Ich hatte deutlich den Eindruck, daß dieser verbale Kreistanz weiter führte als nur in der Runde herum. Ich war noch nicht in der Lage, abzuspringen und festzustellen, wohin – noch nicht.

«Woher weiß Summer, Gefühle sind wahrhaftiger? Hört Summer nicht auf den Verstand?»

«Nur wenn der Verstand mit den Gefühlen übereinstimmt.»

«Hmm!» Sie schaukelte ein wenig und ließ den Rumpel- und Quietschrhythmus unser Schweigen brechen. «Du wirst es gut machen.»

Ich lächelte. «Ich hoffe es.»

«*Hoffen!* Du sollst nicht hoffen! Summer soll ja sagen!»

«Ja, ich werde es gut machen.»

«So ist's besser.» Wieder hörte das unstete Geräusch auf. Ihr Ton war sanfter. «Summer, was wir hier tun werden, ist eine ernste Sache. Wenn du nicht gut zuhörst, bist du verletzt. Ich wiederhole Dinge nicht gerne. Es ist gut, du glaubst der Wahrheit in Gefühlen. Meine Worte sind nutzlos, wenn Summer nicht glaubt. Summer muß die Wahrheit in allen Dingen hier fühlen.» Sie klopfte auf ihre Brust. «Wenn Summer nicht glaubt, ist es nicht gut. No-Eyes spricht nie Lügen. Alles, was ich sage, ist wahr. Summer muß alles hier glauben.»

«Ich verstehe.»

«Das ist nicht genug. Summer muß glauben!»

«Ich glaube, es ist wichtig, daß ich glauben muß. Und wenn du etwas sagst, was ich nicht glaube?»

«Na, und? Dann beweise ich es, aber Summer glaubt sowieso alles. Summer kennt die Wahrheit, wenn sie sie hört. Ich erzähle ohnehin keine Lügen.»

«In Ordnung.»

«So! Was ist Wahrheit? Sag's mir.» Sie wartete und begann zu schaukeln.

Ich versuchte eine ehrliche Antwort. «Wahrheit ist etwas, wovon du fühlst, daß es richtig ist. Du fühlst es in deiner Seele. Es ist eine Art inneres Wissen.»

«Das ist richtig für dich. Was ist mit anderen Menschen, die *fühlen* nicht die Wahrheit? Wie sollen sie die Wahrheit erkennen, wenn sie sie hören?»

«Ich vermute, daß diese Leute ihren Verstand benutzen müssen. Sie müssen das, was sie gehört oder gelesen haben, gegen das abwägen, was sie bereits wissen, ihre Erfahrungen und ihren gesunden Menschenverstand.»

«Was ist, wenn sie diese Erfahrung oder diesen gesunden Verstand nicht haben? Wie sollen sie dann die Wahrheit erkennen, he, Summer?»

«Ich vermute, daß sie dann einer Autorität auf dem fraglichen Gebiet vertrauen würden.»

«Was ist, wenn der lügt?»

Schweigen.

«Nun, Summer?»

Schweigen. Nachdenken.

Rumpel – quietsch. Rumpel – quietsch.

Ich saß gründlich in der Patsche. Wie erkennen denn manche Leute wirklich die Wahrheit?

«Das frage ich Summer eben. Anscheinend weiß Summer es nicht.»

«Wahrscheinlich nicht.»

«Die Menschen suchen immer nach der Wahrheit, lesen, hören. Sie lesen und lesen. Was ist, wenn Bücher lügen? Sie hören und hören. Was ist, wenn Sprecher lügt? Sie schauen und schauen. Was ist, wenn das Ziel falsch ist? Sie sind verloren. Sie finden nie Wahrheit. Sie ist nicht in Büchern. Sie ist nicht in einem bestimmten Lehrer. Sie ist nicht in einer Religion. Die Wahrheit *muß* bei allen Menschen von innen her kommen. Jeder Mensch hat Wahrheiten in sich, wenn er hierher kommt. Die Leute müssen das lernen. Du sagst, die Leute brauchen Verstand, Erfahrungen, um die Wahrheit zu erkennen. Ich sage, bla bla! Der Große Geist pflanzt die Wahrheit in die Seelen aller Menschen, wenn sie geboren werden. Nicht hier geboren, am Anfang geboren. Alle Menschen haben große Fähigkeit, Wahrheit zu erkennen. Sie schauen unter Teppiche. Sie schauen hinter Bäume. Sie schauen an all den falschen Orten nach Wahrheit. Sie ist die ganze Zeit innen drin!»

«Aber das wissen die Menschen nicht, No-Eyes.»

«Sie wissen. Sie sind nur faul. Summer ist nicht faul, he?»

«Nein.»

«Summer geh, sieh Wahrheit.»

«Wo?»

«Geh, Wahrheit sehen. Außerhalb!» Sie zeigte mit einem langen Finger und machte mit dem Arm eine ausholende Bewegung.

Ich stand auf.

«*Setz dich!* Was denkt Summer, wo sie hingeht?»

«Du sagtest draußen», verteidigte ich mich nervös.

«Du hörst nicht gut! Ich sage nicht ‹draußen›! Ich sage ‹außerhalb›!»

Ich war verlegen. Ich fühlte mich wie eine sehr dumme Schülerin. Schon wurde ich dafür zurechtgewiesen, daß ich nicht richtig zugehört hatte, und das zu Recht.

Sie überging den Vorwurf und fuhr fort, als ob sich nichts ereignet hätte. «Jetzt lehnen wir zurück und entspannen den Körper. Wir atmen lange ein und dann lange aus. So ist es richtig. Jetzt stell dir vor, daß all das Körperzeug aus Luft wäre. Nichts ist schwer. Das ist gut.»

An diesem Punkt warteten wir. Ich spürte sie in meinem Geist, wie sie einer jeden meiner geistigen Bewegungen folgte. Sie war fantastisch.

«Jetzt stell dir vor, dein Körper ist leichter als Luft.»

Ich stellte mir mein ganzes Wesen so vor, als bestünde es aus Helium. Alles was ich dachte, war: Helium, Helium. Und zusammen waren wir aus der kleinen Hütte heraus. No-Eyes war neben mir und lächelte. Sie hatte jetzt strahlende, wunderbare Augen, die in klarem Sehen funkelten. Sie führte mich hinauf über die Baumwipfel, hinauf durch fedrige Wolken, hinauf an dem Licht der Sonne vorbei und in die Unermeßlichkeit des Weltalls.

Ich hatte so etwas schon allein gemacht. Aber nie so schnell und sicher nie mit dieser einfachen Leichtigkeit. Die alte Frau schien eine Art psychischer Katalysator zu sein. Allein schon ihre Anwesenheit machte meine Bemühungen so einfach.

Sie zeigte auf ein riesiges Objekt im Weltraum. Wir trieben dorthin und traten mühelos durch seine äußere Schale ein. Drinnen gingen viele fremdaussehende Wesen eifrig ihren zugewiesenen Aufgaben nach. Wir verweilten hier und dort. Große Bildschirme zeigten verschiedene Gebiete der Erde. Es schien mir so, als ob diese Wesen beobachteten; nein mehr, als ob sie das geheime Treiben der verschiedenen Regierungen bewachten. Sie bedeutete mir, daß wir gehen sollten. Wieder waren wir in der endlosen Weite des Alls. Wir begannen hinunterzusteigen. Hinunter, vorbei an der Sonne durch die Wolken und durch das Dach der Hütte. Ich öffnete meine Augen.

No-Eyes betrachtete mich. Sie beobachtete genau meine Reaktionen.

«Wo sind wir hingegangen?» fragte ich.

«Wir? *Wir* sind nirgendwohin gegangen.»

«Willst du sagen, daß ich bloß eingeschlafen bin und alles geträumt habe?»

«Nee.»

«Waren wir nicht außerhalb?»

«Was meinst du?»

«Ich meine, daß du und ich außerhalb waren!» Ich zeigte zur Decke.

«Nee», kam die enttäuschende Antwort.

«Wie meinst du das, nee?»

«Was ist Wahrheit, Summer? Was ist wirklich geschehen?»

«Ich habe gespürt, wie ich gegangen bin. Das ist die Wahrheit.

Ich habe dich neben mir gesehen. Das ist Wahrheit. Du und ich sind...»

«Nee.»

«Du *warst* neben mir!»

«Hast du das *gefühlt?*»

Ich dachte nach. Ein Trick? Nein, ich hatte sie neben mir *gesehen,* aber ich hatte sie dort nie *gefühlt.* Mein Gott, war sie überhaupt bei mir gewesen? War ich allein gewesen?

«Ja.»

Mein dummer Mund stand offen.

«Ich denke, Summer glaubt nur, was sie fühlt?»

«Aber wie hast du das gemacht? Du hast mich etwas glauben gemacht, das nicht einmal da war.»

«Ich mache Summer gar nichts glauben. Summer tut das alles allein. Denk nach!»

Sie hatte recht, natürlich. Sie hatte nie deutlich gesagt, daß sie mit mir dort war – nicht einmal gesagt, daß sie mitkommen würde! Was für eine listige alte Dame.

«Hast du die Sachen jetzt begriffen?»

Ich nickte einfältig.

«Ich ertappe Summer unachtsam. Sieh nie etwas in den Lektionen oder im Leben als selbstverständlich an. Setze *nie* etwas voraus. Glaube *nichts,* bis Summer es *fühlt!* Das ist die wichtigste Lehre. Wir werden viele Dinge tun. Wir werden an viele Orte gehen. Einige Orte werden Summer erschrecken. Summer *muß* wissen, was sie fühlt, damit sie weiß, was wahr ist – was *nicht* da ist. Das ist immer die erste Lehre. Das ist am wichtigsten. Wir werden viele Dinge machen. Summer wird nichts geschehen, wenn Summer daran denkt zu *fühlen.* Immer fühlen!»

Ich war entsetzt, daß ich bei meiner ersten Lektion so unbeholfen versagt hatte. Für den Test gab es eine glatte Note – eine Fünf. Ich hatte es so gut machen wollen. Ich hatte ihr zeigen wollen, was für eine wunderbare Schülerin ich sein würde, wie leicht die Dinge für mich wären. Und ich wurde schon beim ersten Versuch abgeschossen. Was für ein Tiefschlag für mein zartes Ego.

«Ist Summer böse?»

«Ja, ich bin wütend auf mich selbst.»

«Warum? Du glaubst, du bist klüger als deine Lehrerin?»

«Natürlich nicht!»

«Warum ist Summer dann so wütend über die Lektion?»

«Weil ich versagt habe.»

«Du hast nicht versagt, vielleicht vergessen, aber nicht versagt. Summer versagt, wenn Summer nicht vom Sofa hochkommt. Summer war aber weit außerhalb!»

Ich lachte. «Also gut, dann bekomme ich nicht eine Fünf, ich bekomme eine Drei.»

«Drei ist für jetzt gut genug. Nächstes Mal erwarte ich eine Eins.»

Ach Gott, dies würde wesentlich schwieriger sein, als ich erwartet hatte. Vielleicht würde Bill gerne nächstes Mal kommen. Ich bleibe zu Hause und hüte die Kinder.

«Summer soll kommen. Der Mann kommt später.»

«Also gut, du hast gewonnen.»

«Ich gewinne nicht. Was heißt gewinnen? Wir tun das, was nötig ist, um Summer bereit zu machen, das ist alles.»

«Du hast recht. Ich habe nur mit dem Gedanken herumgespielt. Ich wollte nicht wirklich, daß Bill an meiner Stelle kommt. Obwohl ich nicht glaube, daß du *ihn* so erwischt hättest wie mich. Er folgt immer seinen Gefühlen.»

«Ich weiß. Er hätte eine bessere Note. Summer muß arbeiten.»

«Danke, das habe ich gebraucht.» Ich fühlte mich noch schlechter.

«Jetzt versteht Summer die Sprache nicht. Ich sagte, Summer muß arbeiten, um für später stark zu werden. Summer ist hier die Hauptperson.»

«Ich glaube, das hat auch nicht geholfen. Ich möchte überhaupt kein Hauptdings sein. Ich möchte nur ich sein.»

«Nee.»

«Nee?»

«Nee. Summer ist hier, damit ich ihr später auf den Weg helfen kann. Das tue ich, siehst du.»

«Ich gebe auf. Okay, du hast gewonnen.»

«Es gibt keinen Gew ...»

«No-Eyes, hör auf!»

Die Frau grinste von einem Ohr zum anderen. Mit ihrem Wortspiel drehten wir uns immer im Kreis herum. Ich erkannte ihren Scherz und stimmte in ihr Gelächter ein. Den Rest des Tages verbrachte sie damit, das Zusammensein mit ihr für mich entspannter zu machen. Wir saßen einige Zeit auf der Veranda und ruhten aus, und wir sprachen über meine Kinder. Es fiel mir immer leichter, offen zu ihr zu sein. An jenem ersten Schultag haben wir über viele Dinge gesprochen. Ich hatte eine lebenswichtige Lehre über Wahrheit, über Annahmen, über Achtsamkeit gelernt, darüber, immer auf die Gefühle zu achten.

Ich verließ No-Eyes nur sehr ungern, war aber zugleich ungeduldig, zu Bill zurückzukehren. Allerdings war ich nicht besonders erpicht darauf, ihm zu erzählen, wie schlecht ich bei meiner ersten Schulstunde abgeschnitten hatte. Ich hoffte, nächstes Mal besser zu sein.

Mit der Seele sehen

Möge Vater Himmel all deine Wege erhellen,
und möge die Mutter Erde sie gerade richten.

Zögernd durchlebte ich für Bill noch einmal meinen Tag mit der alten Frau.

Er lachte über meinen Beobachtungsfehler. Er fiel fast vom Stuhl vor schallendem Gelächter. «Die alte Dame hat dich wirklich reingelegt. Schatz, ich glaube, du wirst verflixt früh aufstehen müssen, um mit ihr Schritt zu halten.»

Es muß nicht weiter betont werden, daß ich an dem Abend nicht lange aufblieb. Ich wollte mit den Hühnern aufstehen – sehr früh.

Unter dem Schutz der Dunkelheit verwandelte sich unser wunderbarer Frühling in einen richtigen Rocky Mountains-Frühling. Als ich aufwachte, lag eine schwere Decke glitzernden Schnees. Verdammt! Ich hatte gehofft, daß das ungewöhnlich milde Wetter eine Weile anhalten würde. Aber ich hatte zu oft den Frühling in den Bergen erlebt, als daß ich so dumm gewesen wäre zu glauben, daß die trockenen Tage sehr lange anhalten würden. Nirgendwo auf der Welt ist der Winter so wankelmütig wie in den Rockies. Einen Tag ist er hier und am anderen verschwunden. Der Frühling zeigt für eine Woche oder so sein süßes Angesicht, dann entscheidet der Winter, daß er noch nicht fertig ist, und gibt eine weitere Zugabe. Seine überraschenden Zugaben kommen regelmäßig, bis der Bühnenleiter ihn gegen Ende Mai mit seinem Haken von der Bühne zieht. Ich akzeptierte seine Neigung, schamlos zu übertreiben. Ich hatte gar keine Wahl.

Ich zog mich warm an und war vor Sonnenaufgang auf den einsamen Straßen. Der Winter hatte seine dicke Steppdecke über die frühlingshaften Erscheinungen der Natur gestülpt. Er hatte einen Hauch ätherischer Stille in meine Welt gebracht, in eine Welt, die noch gestern sprühend mit neuem Leben gewesen war. Ich liebte die Launigkeit der Berge. Dem aufmerksamen Beobachter zeigten sie sich dauernd in wechselnder Erscheinung. Überraschung war das einzige, was an ihnen konstant und verläßlich blieb. Ständig veränderten sie sich. Sie waren großartig. Und mein Herz gehörte für immer ihrem wilden Geist.

Der Schnee auf der schmalen Straße, die zu No-Eyes' Hügel führte, war zu tief. Ich parkte und stapfte los. Der Schnee war hier tiefer, als ich erwartet hatte. Ich dachte über die Torheit nach, die vielbenutzten Schneeschuhe hinten im Auto gelassen zu haben. Ich mühte mich weiter. Es war bitterkalt. Die Kälte schlug an meine Wangen. Als ich endlich die Haustür der alten Frau erreicht hatte, war mein Gesicht rot und steif. Mein Körper sehnte sich nach der flackernden Wärme ihres knisternden Feuers.

Sie öffnete die Tür. «Summer ist pünktlich.»

Ich versuchte zu lächeln, aber meine Mundwinkel waren steif. Ich konnte es kaum erwarten, aus dem beißenden Wind heraus zu kommen. Und doch mußte ich warten.

No-Eyes kam zu mir auf die Veranda. Sie trug ein langes gewickeltes Bündel und bedeutete mir, ihr zu folgen. Die alte Frau war beweglich für ihr hohes Alter. Sie ließ mich wie die Ältere aussehen, als wir durch die tiefen Schneewehen um ihre Hütte stapften. Aber schließlich war sie warm, weil sie im Haus gewesen war, während ich darauf wartete, daß die Todesstarre sich in meinen eiskalten Knochen ausbreitete. Ich folgte ihr zum Kamm des Berges.

Sie arbeitete konzentriert und prüfte dabei die zunehmende Helligkeit in dem Himmel der Vordämmerung. Sie sprach nicht ein Wort, während sie eilfertig ihren Vorbereitungen nachging.

Ich schaute ihr zu, als sie niederkniete und die kalte Mutter Erde küßte. Sie murmelte leise und andächtig. Sie winkte mich an ihre Seite.

Ich kniete mich gehorsam hin und folgte ihrem Beispiel. Ich küßte die schneebedeckte Erde. «Segne uns und unser Volk, o Mutter Erde. Wir sagen Dank für deine großen Geschenke und endlosen Gaben.» Ich wurde wärmer. Ich hegte nicht mehr die bitteren Gedanken an die Kälte.

Auf diesem Felskamm zu knien, setzte uns dem vollen Ansturm der pfeifenden Winde aus. Sie peitschten meinen Schal davon, aber ich bemerkte es kaum, da die Zeremonie der Alten mein ganzes Bewußtsein zu beanspruchen begann. Unsere Ehrfurcht war hier in der Kathedrale des Großen Mysteriums vollständig. Wir knieten in heiliger Anwesenheit, während die Himmel uns mit Kristalltropfen heiligen Wassers besprühten und die Stimmen des Windes einen harmonischen Chor heiliger Lieder brachten.

Die Alte war still, als sie mich ansah und sich dann über ihr Bündel beugte. Andächtig entfernte sie das kunstvoll mit Perlen bestickte, rehlederne Etui von den beiden Medizinpfeifen. Langsam reichte sie mir eine.

Ich nahm sie in Empfang, als sei sie eine heilige Hostie, die aus ihrem Schrein entfernt würde.

Wir erhoben uns.

Auf diesem stürmischen Kamm der Mutter Erde zitterte ich, nicht wegen der winterlichen Winde, sondern wegen der Gegenwärtigkeit, die ich um uns herum spürte – die glorreiche Gegenwart von Wakan-Tanka. Der große, leuchtende Kreis der aufsteigenden Sonne kroch immer höher zu den entfernten Schneegipfeln. Ich folgte jeder faszinierenden Bewegung der alten Frau. Sie schien in einer ihr eigenen Welt zu sein. In einer Welt, in die ich ihr gern folgte.

Das Stielende der Pfeife himmelwärts haltend, wandte ich mich nach Norden, von wo die Winde bliesen, und sagte Dank. Dann zog ich die Pfeife an meine Brust. Nach Westen gewandt, sagte ich wieder Dank. Nach Süden gewandt, von wo die Wärme kommt, sagte ich Dank. Ich wandte mich nach Osten und sagte Dank, während die leuchtende Scheibe der Sonne über dem Bergfelsen hervorbrach und ihre strahlenden Lichtpfeile auf unsere Kirche-auf-dem-Berg hinabsandte. Die weichen, heiligen Flocken versammelten sich auf meinen Wimpern und schmolzen auf den Tränen auf meinen Wangen. Wir hatten genau den richtigen Zeitpunkt getroffen. Als nächstes hielten wir die Pfeife als Danksagung zum Vater Himmel empor. Schließlich führte ich sie zum Boden herab, um meine Wertschätzung all dessen zu zeigen, was Mutter Erde mit mir geteilt hatte.

Unser Morgensegen war abgeschlossen. Das Ritual der Weihe war vorbei. Ich war tief bewegt. Ich konnte keine Worte finden, um mein tiefes Bewegtsein von dem, was gerade geschehen war, richtig auszudrücken. Zwei einsame Frauen, die Dank sagen, die eine uralte spirituelle Feier vollziehen – eine Feier von so großer Andacht, daß ihresgleichen in den prächtigsten Kathedralen des mächtigen Roms nicht leicht zu finden wäre.

Schweigend legten wir die heiligen Gegenstände in ihr Behältnis zurück und stapften langsam wieder zur Hütte. Als wir wieder in dem anheimelnden Zuhause waren, legte No-Eyes das Bündel in eine besondere Schachtel, und wir zogen unsere schwere Überbekleidung aus.

Sie setzte sich in ihren Schaukelstuhl, und das Rumpeln und Quietschen durchbrach unser Nachsinnen. Das Geräusch umsäumte unsere melancholischen Gedanken, denen wir eine halbe Stunde lang nachhingen. Die Alte brach die Stille mit einem kaum vernehmlichen Flüstern. «Das hat Summer gespürt, he.»

Ich wußte, daß sie auf meinen tiefen Gefühlszustand während und nach der Zeremonie anspielte. «Ja. Es war so unglaublich schön.»

Sie nickte nur.

Ich dachte, ich sähe eine einzelne Träne die runzlige Schlucht ihrer Wange hinablaufen. Ich fühlte Mitleid mit ihren verlorenen Bräuchen, die nun nur noch ein schwaches Erinnern im Herzen einer alten Frau waren.

«Summer soll kein Mitleid mit No-Eyes haben. Summer soll Mitleid mit sich selbst haben. No-Eyes hat die alten Gebräuche schon gesehen, schon gelebt. Summer hat sie nie gesehen, nie so gelebt. No-Eyes fühlt Mitleid mit Summer.»

Ich betrachtete meine Hände. Sie hatte recht. Sie hatte so recht. Ich hatte wirklich eine wunderbare Art zu leben und zu glauben versäumt. Ich hatte etwas versäumt, das nie wieder gefühlt oder gelebt werden konnte. Da merkte ich, daß ihre einsame Träne gar nicht für sie selbst war, sie war für mich.

«Jetzt fangen wir mit dem Unterricht an, bevor wir Taugenichtse werden.»

Ich lächelte zaghaft. Sie hatte recht. Wenn meine traurige Stimmung weiter anhielt, würde ich nicht mehr in der Stimmung sein, irgend etwas hinzukriegen.

Draußen fegte der Wind den Schnee in schattige Formen. Nach Aufmerksamkeit jaulend rüttelte er an den Fenstern und ließ die Balken stöhnen. Drinnen knisterte das wärmende Feuer und machte einen erfolgreichen Versuch, unsere Stimmung zu heben. Die alte Frau verließ ihren Stuhl und setzte sich mit gekreuzten Beinen auf den dünnen geknüpften Teppich. Ich machte es ihr nach.

«Heute lernt Summer zu sehen.»

Ich schwieg weiter.

«Die Menschen überall denken, sie sind so klug. Sie denken, sie sehen alles. Hmmh! Sie sehen *nichts*. Summer sieht manchmal. Was sieht Summer?»

Ich dachte gründlich nach, bevor ich antwortete. Es gab verschiedene Gebiete des Sehens, in die sie mich hätte führen können, und ich war mir nicht ganz sicher, welches sie meinte. Ich versuchte eine Antwort, einen Vorstoß. «Den Kleinen.»

«Das hat Summer gesehen, das ist lange her; Summer hatte damals Angst.»

Die Frau war einfach erstaunlich. Sie wußte so viele Dinge, die ganz persönlich waren – die es nur im Gedächtnis meines eigenen Kopfes gab. Sie sah Dinge, die hinter den verschlossenen Türen und in den dunklen Winkeln meines Kopfes versteckt waren. Sie wußte, was in seinen Schatten hockte und lauerte. Sie sah auch die Schlösser an einigen Türen.

Ich hatte auf etwas angespielt, das ich vor langer Zeit gesehen habe, etwas, was ich nur einmal in meinem ganzen Leben gesehen habe, etwas, was ich unglaublich gern noch mal gesehen hätte. Ich werde jetzt davon erzählen.

Als Bill und ich noch verliebte Schüler waren, machten wir lange Abendspaziergänge. Eines späten Nachmittags waren wir in einem kleinen Park. Bill stieß mich bis zur Dämmerung auf der Schaukel an. Dann verließen wir den Spielplatz und setzten uns neben einen Maschendrahtzaun, der die Nachbargrundstücke abgrenzte. Alle anderen hatten den Park verlassen, und wir waren ganz allein. Jetzt wurde es dunkler. Bill zog mich an sich und küßte mich. Ich erstarrte. Denn hinter ihm stand im Gras ein winziges, braunes Wesen und starrte mich direkt an. Es ist absolut wahr, nein, ich bin *nicht* verrückt! Ich rückte von Bill ab und sagte ihm, daß ich gehen wollte. Ich zitterte vor Aufregung über das, was ich so plötzlich gesehen hatte. Er dachte, mir wäre kalt, und wir verließen den Park. Ich habe nie zu dem Platz zurückgeschaut, um zu sehen, ob das winzige Wesen noch dort war. Ich bezweifle es. Später erzählte ich Bill, was meinen plötzlichen Stimmungswechsel hervorgerufen hatte. Er hatte es nicht selbst gesehen, aber er glaubte mir dennoch. Ich habe diesen Vorfall bis heute nie enthüllt. Manche Dinge sind einfach nicht möglich. Manche Dinge sind einfach nicht so – es sei denn, du wärst bereit für die Männer in den weißen Jacken, die kommen und dich dorthin karren, wo du sicher bist! Ich war nicht bereit für Gummiwände. Ich war nicht bereit, schräg von der Seite angesehen zu werden. Ich war nicht bereit, persönlich mit dem umzugehen, was ich erlebt hatte. Ich habe das Bild dieses kleinen Wesens nie aus meinem Gedächtnis streichen können. Es blieb dort, eingeprägt für immer, aber ich habe bis heute nicht darüber gesprochen. Ich hatte das Gefühl, daß die Frau, No-Eyes, die Richtige sein würde, um darüber zu sprechen. Ich hatte das Gefühl, sie würde das sicher verstehen und mir vielleicht erklären können. Besorgt wartete ich.

Schweigen.

Vielleicht hätte ich es doch in der Schatzkiste meines Gedächtnisses behalten sollen. Die Alte antwortete nicht. Vielleicht dachte auch sie, daß ich verrückt sei.

«Nee. Hat Summer seitdem keinen gesehen?»

Sofortige Erleichterung!

«Nein.»

«Aber Summer will das, he?»

«Ja. Immer wenn Bill oder ich allein im Wald sind, würden wir sehr gerne einen sehen. Warum haben wir nie wieder einen gesehen?»

«Das entscheiden nicht Summer oder Bill. Das entscheiden sie.»

«Dann *gibt* es sie wirklich!»

«Ja.»

«Was habe ich denn an dem Tag im Park gesehen?»

«Jemand Besonderes, das ist es. Darüber sprechen wir an einem anderen Tag. Das ist eine andere Lektion. Das ist eine andere Sache.»

«Ich hätte nie geträumt, daß es so etwas gibt. Ich meine, als Kind hatte ich Bilderbücher über Feen und so was, aber dies hier war wirklich anders. Es hatte keine Flügel. Es sah aus wie eine winzige Polynesierin mit sehr großen runden Augen. Ihr Blick drang so tief in mich ein, daß sie mir wirklich Angst machte.»

«Viele neue Dinge erschrecken. Sie wollte Summer nicht erschrecken. Sie wollte Summer die Wahrheit des Lebens zeigen. Die Wahrheit, wie die Dinge sind. Sie wollte Summer die andere Seite des Lebens zeigen. Mit ihr hat Summers Suche begonnen.»

Darüber dachte ich nach.

«Hab ich recht?»

«Ja. Danach habe ich begonnen, in die Bibliothek zu gehen und mir Bücher über außersinnliche Wahrnehmungen auszuleihen. Das Thema fesselte mich. Ich erinnere mich jetzt. Die kleine Person *war* wirklich der Anfang meiner Suche!»

«Was sonst?»

«Was sonst?»

Sie nickte nur.

Ich dachte noch etwas mehr nach. «Das Schiff?»

Sie nickte wieder.

Ich werde wieder zurückgreifen müssen, um das zu erklären.

Meine ganze Kindheit hindurch hatte ich Ballettunterricht. Er begann, als ich drei Jahre alt war. Meine Mutter spielte die Klavierbegleitung an einer Schule für Berufstänzer in Detroit. Sie hatte niemanden, um mich zu hüten, also nahm sie mich mit. Den ganzen Tag sah ich zu und machte mit. Der Unterricht ging noch lange weiter, als sie schon aufgehört hatte zu spielen.

Als ich ein Teenager war, fuhr mich eines Abends die Tanzlehrerin von einer späten Stunde nach Hause. Es war dunkel, und wir warteten in einer Seitenstraße darauf, daß der Verkehr vor uns sich lichtete, damit wir auf die geschäftige Hauptstraße einbiegen konnten. Direkt auf der anderen Seite der Hauptstraße lag ein einstöckiges Bankgebäude; darüber jedoch hing schweigend irgendeine Art Luftschiff. Es hatte runde Bullaugen mit gelbem Licht dahinter, wie die Art von Licht, die nachts aus erleuchteten Häusern kommt. Wir sahen einander mit offenem Mund an. Gleichzeitig sahen wir nach hinten durchs Rückfenster, um festzustellen, ob der Fahrer des hinter uns wartenden Autos es auch sah. Als wir uns wieder nach vorne drehten, war das Schiff weg. Auf dem Weg zu mir nach Hause sprachen wir kaum ein Wort. Jede von uns war mit ihren eigenen Gedanken beschäftigt. Ich wußte, daß sie es auch gesehen hatte. Sie wußte, daß ich es gesehen hatte. Ich wußte nicht, was sie dachte, aber sie tat mir leid. Ihr Mann war ein großes Tier bei der Luftwaffe, und ich wußte, daß sie die übliche skeptische Reaktion bekommen würde, wenn sie ihm davon erzählte. Sumpfgas. Mitten in einer großen Stadt? Smog. In einer kristallklaren Nacht? Wetterballon. Drei Meter über einer kleinen Bank schwebend? Einbildung. Gleichzeitig von zwei Menschen, die in ein ganz anderes Gesprächsthema vertieft waren? Massenhypnose. Wenn von keinem früheren Auftauchen berichtet worden war? Nein. All die üblichen Standarderklärungen der Regierung waren in diesem besonderen Fall nicht einleuchtend, obwohl die Zeitungen einige Tage nach unserem ersten merkwürdigen Erlebnis vor angeblichen Berichten über das Auftauchen überquollen. Ja, sie tat mir leid für den Empfang, den sie an diesem Abend haben würde. Doch als ich aufgeregt mit meinen phantastischen Neuigkeiten durch meine eigene Haustür hineingestürmt kam, bestand die Reaktion aus Grinsen und schiefen Blicken. Auch mir glaubte man nicht. Ich hörte auf zu schwärmen und ging auf mein Zimmer. Was war mit den Leuten los? Warum glaubten sie nicht? Ich lüge nicht. Ich erfinde keine Phantasie-Geschichten. Ich habe nur gesehen, was ich gesehen habe – was *wir* gesehen haben.

Nach dieser demütigenden Erfahrung habe ich nie wieder mit jemandem über meine paranormalen Erfahrungen oder irgendwelche der gewöhnlicheren Erscheinungen (von denen ich später in den Bergen viele hatte) gesprochen. Die Leute versetzten mich nach wie vor in Erstaunen. Ich wußte, daß es viele Arten von Erscheinungen gab, denn ich hatte sie selbst gesehen. Ich hatte von dem «Blau-Buch» der Regierung über ungewöhnliche Luftschifferscheinungen gehört, aber auch sie fuhren fort, solche Dinge öffentlich «zu entlarven», obwohl viele Erscheinungen von soliden und achtbaren Mitarbeitern der Luftwaffe und zivilen Berufspiloten berichtet und gewissenhaft aufgezeichnet wurden. Waren sie berauscht? Haben sie halluziniert? Sind sie den Fehlinterpretationen atmosphärischer Zustände aufgesessen? Ich glaube kaum! Und dennoch bleibt es dabei, daß angebliche Wissenschaftler und Astronomen weiterhin dreist ihr Unwissen zur Schau stellen, indem sie das Thema mit leichter Hand als unmöglich beiseite schieben. Nie werde ich glauben, daß sie wirklich nicht glauben. Wenn sie wirklich nicht an die physische Existenz und Gegenwart dieser Luftschiffe glauben, dann ist unsere Technologie sehr viel weniger fortgeschritten, als sie uns glauben machen wollen. Ich dachte, unsere Welt bewege sich nach vorn. Vielleicht habe ich in dem Punkt unrecht.

Unterdessen halte ich meine Augen offen und meinen Mund geschlossen, denn ich habe seitdem in meinen Bergen ganze «Flotten» dieser Schiffe gesehen. Andere auch. Auch sie schweigen. Wir wissen es, und ich vermute, daß das für den Augenblick reichen muß. Die Einheimischen wissen, daß die Rockies von diesen Luftfahrzeugen aufgesucht werden, aber gegenüber einem Fremden heißt es: «Nein. Wir sehen nie welche.» Was für ein Jammer. Es ist im Grunde genommen eine verdammte Schande.

Ja, es waren die Luftschifferscheinungen, auf die No-Eyes anspielte.

Ich folgte weiter dem Faden unserer nachdenklichen Unterhaltung. «Ja, ich nehme an, daß das Schiff, das wir gesehen haben, mich weiter dazu führte, die merkwürdigen Vorkommnisse in der Welt zu studieren.»

«Was hat Summer dann gemacht?»

«Je mehr ich darüber gelesen habe, desto mehr habe ich auch über mich selbst herausgefunden. Ein Thema führte zum anderen. Das Material überschnitt sich oft mit einem anderen Gebiet.

Ich habe alles gelesen, was ich in die Hände bekommen konnte. Ein Teil des Materials führte zu Dingen, die ich für ziemlich widersinnig hielt, und die schied ich aus. Es war relativ einfach, für mich herauszufinden, was Wahrheit war, was mein Weg war. Einiges tauchte immer wieder auf, sozusagen im Kreuzverweis. Dieses Thema ragte immer heraus wie der sprichwörtliche schlimme Finger. Es wurde ganz leicht, meine Wahrheit von dem Phantasieprodukt eines Autors zu unterscheiden.»

«Hat Summer immer noch geschwiegen?»

«Nein. Inzwischen waren Bill und ich verheiratet, und ich hatte ihm von meinen paranormalen Erfahrungen berichtet. Natürlich war er nie auch nur im geringsten skeptisch. Wie hätte er das sein können, mit so lebendigen Beweisen? Auch er hatte Bücher darüber gelesen und war an den gleichen Punkt gelangt wie ich.»

«Hat das Summer und Bill glücklich gemacht?»

«Oh, nein. Wir waren vollkommen allein auf einer verlassenen Insel. Niemand, mit dem wir sie hätten teilen können. Wir waren von skeptischen Haien umgeben. Bald merkten wir, daß wir niemanden auf das Thema ansprechen konnten. Wir waren durch die Beweise unseres Glaubens aneinander gebundene Lebensgefährten.»

«Niemand sonst?»

«Doch, es gab da ein Paar. Bill traf ihn bei der Arbeit, wenn er Nachmittags-Schicht hatte. Dieser Mann spürte, daß Bill gewisse Dinge wußte. Bald begannen wir, uns spät nachts bei uns zu Hause zu treffen, wenn sie von der Arbeit kamen, so etwa um ein Uhr. Auch seine Frau begann zu dieser Zeit, zu uns herüber zu kommen. Wir saßen beisammen und machten spirituelle Übungen wie Reisen ins Innere. Dieser Mann erzählte Bill, daß er erstaunt sei über die Stärke meines psychischen Schutzes. Seine Worte zu Bill waren: ‹Es ist gerade so, als ob sie in Gottes Händen säße.› Der Mann selbst besaß eine hohe Sensibilität.»

«War Summer froh über Freunde?»

«Nun, zu Beginn sicher. Es war aufregend, Freunde zu haben, die ähnlich dachten und ähnliche Interessen hatten. Zumindest glaubte ich das, bis sie ein paar Sachen machen wollten, die uns überhaupt nicht lagen.»

«Was denn?»

«Dunkle Sachen.»

«Was für dunkle Sachen, Summer?»

«Sie waren ganz versessen darauf, eine Landkommune in British Columbia aufzubauen. Du weißt schon, weg sein von den entnervenden Menschenmengen, wenn die Leute über die kommenden Veränderungen auf der Erde verrückt werden. Nun, dieser Mann war ein Hochschullehrer, und sie hatten beide bereits ihre Visa. Aber es war das *Wie* in ihrer Planungsdurchführung, das nicht zu unseren Wertvorstellungen paßte. Sie wollten die Gewinnzahlen in der Lotterie «sehen», um das Geld aufzutreiben, das wir für den Umzug dorthin brauchen würden. Bill und ich wollten unsere Sinne nicht für solche Sachen nutzen. Außerdem wollten sie mit Dingen experimentieren, über die sie in der Kabbala und alten ägyptischen Schriften gelesen hatten. Bill und ich waren ganz und gar nicht an Mystizismus oder dunklen Riten interessiert. Unsere Beziehung mit dem Paar endete in einer Art Psychoschlacht zwischen Bill und dem Mann. Wir haben sie nie wieder gesehen.»

«Schlacht?»

«Ja. Der Mann behauptete, Bill habe einen Elementargeist (in Gedankenform) zu ihm geschickt, um ihm weh zu tun, weil ein Kübel heißer Suppe sich über ihn ergossen hatte. Natürlich hat der Mann das zurückgezahlt, indem er einen eigenen Elementargeist in unser Haus schickte. Wir wurden alle sehr krank. Wir hatten überhaupt keinen Verdacht, bis der Mann uns später sagte, er hätte uns was hinüber geschickt. Jedenfalls haben wir, wie ich sagte, ihn nie wieder gesehen.»

«Weil ihr von Anfang an auf verschiedenen Wegen wart.»

«Das ist jetzt offensichtlich. Zu schade, daß wir es erst so spät erkannt haben.»

«Seid ihr zwei immer noch allein?»

«Im Prinzip schon.»

«Im Prinzip? Was soll denn *das* heißen? Was ist das für eine Antwort?»

«Da ist noch mehr, worüber ich aber nicht sprechen möchte.»

«Sind wir hier nicht aufrichtig?»

«Doch, wir sind aufrichtig hier. Es ist nur so, daß Bill schon seit so langer Zeit der einzige ist, mit dem ich reden konnte...»

«Der *einzige?*»

«Ich vermute, du meinst Robin.»

«Ja.»

«Du merkst aber auch alles, was?»

«Mmh.»

«Bill hat Robin King kennengelernt, als sie zusammen in den Springs arbeiteten. Sie äußerte den tiefen Wunsch, in einer Berghütte das einfache Leben zu leben. Natürlich entsprach ihr Wunsch genau unserer eigenen Vorstellung. Wir wurden über die Zeit gute Freunde, und wir luden sie ein, unsere Hütte in den Bergen mit uns zu teilen. Ihr Verständnis unseres spirituellen Glaubens war vollkommen. Sie hat sich unserer möglichen Aufgabe verpflichtet. Sie möchte mehr ein Teil davon sein als irgend etwas anderes. Irgendwann hat sie geheiratet und ein kleines Mädchen bekommen. Die Ehe ging nicht gut, und sie und ihr Kind sind wieder bei uns.»

«So eng?»

«Freunde kommen aus. Außerdem arbeitet sie als zweite Geschäftsführerin in einem Laden in Woodland, der rund um die Uhr geöffnet hat. Sie hilft tagsüber und arbeitet nachts. Wir ziehen alle an einem Strang, damit alles getan wird, was getan werden muß. Eigentlich sind wir mehr wie Schwestern.»

«Sie ist eine gute Freundin. Sie wird Teil der Aufgabe sein.»

«Ich weiß.»

«Weiß Summer, was sie tun wird?»

«Nicht genau, aber ich weiß, daß sie wegen ihrer ernsten Verpflichtung mit uns sein wird, wo auch immer wir hingehen.»

«Wird Summer irgendwohin gehen?»

«Derzeit ist das nicht möglich.»

«*Alles* ist möglich!»

Ich seufzte.

«Summer gibt leicht auf.»

Dieses schnelle Urteil bestürzte mich. «Das stimmt *nicht!* Ich versuche seit sieben Jahren, dieses Material herauszugeben. Ich habe dir bereits gesagt, daß ich dauernd blockiert werde. Wir haben Zurückweisungen, Depressionen, Einsamkeit und Kritik ertragen! Und dennoch treiben wir uns selbst immer weiter. Wie kannst du sagen, daß ich leicht aufgebe? Das ist nicht fair, und das weißt du auch!»

«Vielleicht, vielleicht nicht. Mir scheint, du denkst, du bist am Ende.»

«Mir scheint, daß wir einfach in einem vorübergehenden Stillstand festsitzen, das ist alles.»

«So ist es besser ausgedrückt.»

Ich stand auf, damit meine Beine durchblutet wurden. Das Feuer war heruntergebrannt, und ich wendete die heiße Asche, bevor ich neue Scheite auflegte.

Die alte Frau blieb auf dem Fußboden sitzen.

Ich streckte mich und ging zum Fenster. Der heftige Wind hatte nachgelassen und war zu einer sanften Brise geworden, es hatte aufgehört zu schneien, und die Sonne blendete auf der weißen Fläche. Es war wunderschön, aber kalt. Ich war nachdenklich.

«Summer ist nicht glücklich», bemerkte sie.

«Doch. Unter den gegebenen Umständen bin ich so glücklich wie möglich. Meine Familie ist relativ gesund, wir haben ein Dach über unserem Kopf, Essen auf dem Tisch, und wir haben eine gute Freundin.»

«Na und! Summer ist dennoch nicht glücklich.»

«Wie können wir wirklich glücklich sein, wenn soviel getan werden muß und wir keine Möglichkeit dazu haben? Es ist verdammt deprimierend und frustrierend!»

«Deswegen brauchst du nicht zu fluchen!»

«Hab ich nicht.» – «*Doch!*»

Ich seufzte.

Ihre Stimme war weich und mitfühlend. «Komm, setz dich zu mir. Wir reden weiter.»

Ich dachte nun, daß ich mich genug bewegt hatte. Ich setzte mich ihr wieder gegenüber.

«Die Knie sind nicht gut», konstatierte sie.

«Und woher weißt du das?»

«No-Eyes sieht schwache Stellen in der Aura, hier.» Sie zeigte auf ihre eigenen knochigen Knie.

«Da hätte ich auch von selber drauf kommen können.»

«Mmh. Kommt das vom Tanzen?»

«Mmh», neckte ich zurück.

Sie grinste. «Ich bin froh, daß Summer sich besser fühlt.»

«Ich bin froh, daß du so aufmerksam bist.»

Sie streichelte meine Knie. «Summer braucht etwas, das Hoffnung heißt.»

«Meinst du nicht Vertrauen?»

«Das ist nicht gleich. Vertrauen ist, wenn jemand schon glaubt, die Dinge kommen in Ordnung. Hoffnung ist, wenn jemand noch *nicht* glaubt, die Dinge kommen in Ordnung – der braucht Hoffnung zum Weitermachen.»

«Vielen Dank für die Klarstellung. Dazwischen ist aber eine feine Linie, oder?»

«Aber es ist eine Linie. Wir gehen etwas sehen.»

«Ich hoffe, daß wir genau *hier* losgehen. Es ist zu kalt, um nach draußen zu gehen.»

«Ja.»

«Gut. Ich hatte gehofft, daß du das sagen würdest.»

«Sitz gerade», ordnete sie an.

Die Lektion begann. Ich sollte noch lernen, daß sie immer mit sehr sachlichen Anordnungen begann. Die die eifrige Studentin immer befolgte.

«Hol die Seele herbei.»

Ich beäugte sie mißtrauisch. «Noch mehr Tricks? *Diesmal* kommst du doch mit, oder?»

«No-Eyes könnte Summer von hier aus führen, aber diesmal komme ich mit. Kein Trick.»

Zwischen uns herrschte Schweigen, bis es mir gelang, meine Körperbarrieren zu beruhigen. Mein Denken wurde ruhig. Mein Körper entspannte sich, als ich mich gegen das Sofa lehnte. Mein Atem war zunächst kraftvoll tief, dann flach und kaum hörbar. Ich ließ das Physische hinter mir und fand die alte Frau, die geduldig auf mich wartete.

«Komm, Summer, wir gehen jetzt die kommenden Monate anschauen.»

«Die Zukunft?»

«Hmm! Welche Zukunft? Alle Zeit ist eins!»

Ich folgte ihrer wunderbaren leuchtenden Gestalt, aber nicht, bevor ich nicht ein schnelles Auge auf den strahlenden Glanz meines eigenen Rettungsseils geworfen hatte. Zufrieden folgte ich No-Eyes hinaus. Wir überquerten die schneebedeckten Bäume und rasten über die Bergketten. Ich folgte ihr hinab zu einem großen Haus. Wir traten ein.

«Wen siehst du?»

Ich erstarrte, als ich mich selbst an einem Schreibtisch arbeiten sah. Ich tippte einen Brief.

Sie grinste breit und zeigte dabei ihr hartes rosa Zahnfleisch. «Summer muß viele, viele Briefe beantworten.»

«Von wem?»

«Viele Sucher. Das ist Summers Aufgabe. Dies ist Summers und Bills Zukunft.» Sie verließ das Büro durch meine Bücherregale.

Ich folgte ihr, und wir kamen in ein anderes Büro, in dem meine Freundin Robin an einem Schreibtisch saß, auf dem sich die Post hoch stapelte. Sie schien sie in einzelne Haufen zu sortieren. Das Telefon klingelte, und sie antwortete «Brüderschaft der Berge».

Ich sah No-Eyes an.

Sie wandte sich zum Gehen.

Ich folgte ihr, nachdem ich noch einen Blick auf meine geschäftige Freundin geworfen hatte.

«Dies ist jetzt der Abend desselben Tages», informierte mich No-Eyes ruhig.

Wir waren in einem Raum, der aussah wie das große Wohnzimmer des Hauses. Ein warmes Feuer brannte im Kamin. Ich sah mich im Zimmer um. Eine Wand war ganz mit Bücherregalen bedeckt. Die gegenüberliegende Wand hatte einen langen, rechteckigen Schrank mit Glastüren. Darin waren viele Kachina-Puppen ausgestellt. Der Raum strahlte warme Behaglichkeit aus. Bill, ich selbst und Robin saßen in den weichen Sofas, die in einem Halbkreis um den Kamin standen. Sieben andere Leute saßen bei uns. Es war dunkel bis auf das flackernde Licht des Feuers und ein paar wohlriechende Kerzen.

No-Eyes sprach. «Jetzt muß Summer zuhören.»

Das tat ich. Ich lauschte der Diskussion dieser gemütlichen

Runde. Die Fremden sprachen über spirituelle Probleme. Sie stellten Fragen. Sie hatten alle eine gute Beziehung zueinander. Ich hörte, daß No-Eyes' Name fiel. Ich erzählte der Gruppe von einer Unterweisung, die ich erhalten hatte. Robin fügte etwas hinzu. Bill führte ein spirituelles Konzept aus. Es war so schön. Ich spürte in dem Raum ein so liebendes Miteinander-Teilen. Ich wollte für immer in dieser Wärme bleiben. Die Wärme von verwandten Seelen ist mit keiner anderen Wärme vergleichbar. Sie hat eine Schönheit wie keine andere Schönheit.

No-Eyes stieß mich am Arm. «Wir gehen jetzt zurück.»

«Nein! Nein, ich möchte noch ein bißchen bleiben.»

«Summer bekommt bald soviel, wie sie braucht. Wir gehen jetzt zurück.»

Sie ging.

Ich warf einen letzten langen Blick auf diese wunderbare Szene heiterer Ruhe und folgte ihr.

Als wir draußen waren, wandte sie sich zu mir. «Wir brauchen keine Zeit zu verschwenden. Summer soll an die Hütte denken.» Sie verschwand!

Ich war bestürzt, so ganz allein gelassen zu werden. Dann erinnerte ich mich an das, was sie mir gesagt hatte. Und sobald ich an ihre Hütte gedacht hatte, war ich selbst schon wieder zurück in dem einfachen Blockhaus. Ich sah sie sitzen und auf mich warten. Sie war wieder eingetreten.

Ich ließ mich selbst wieder hineinsinken und öffnete meine Augen.

«Siehst du?» sagte sie zuversichtlich, «siehst du, wie die Dinge sein werden?»

Ich war so aufgeregt. Ich hatte lange auf genau so eine Verwirklichung gewartet. Dann überschattete eine Wolke meine Vision. «Aber wie weit sind wir in die Zukunft gegangen? Wann war das?»

«Denk nach, Summer!»

Wie sollte ich wissen, in welcher Zeit diese Szene lag? Ich wußte nicht, wann sie stattfand. Ich war gleichzeitig zu aufgeregt und durcheinander und verängstigt. Wenn es zu weit in der Zukunft lag, wäre das für mich auch enttäuschend, und in der Gegenwart darauf zu warten, genauso schwierig. Im Grunde meines Herzens hatte ich zuviel Angst, um die Antwort auf diese Frage zu wissen.

Die weise Frau drängte mich weiter. «Denk nach! Denk darüber nach, wie du herausfinden kannst, wann das war!»

«Sollten wir zurückgehen?»

«Ich gehe nicht zurück. Wenn Summer allein zurückgehen will, soll sie gehen.»

Diese Vorstellung reizte mich gar nicht. Zunächst wußte ich nicht, wie ich überhaupt zu einem zukünftigen Datum gelangen sollte. Und ich legte keinerlei Wert darauf, allein zu gehen. «Nein.»

«Dann soll Summer noch einmal schauen. Hier!» Sie legte einen knotigen Finger auf ihre Stirn.

Natürlich! Ich konnte mir die Szene im Geiste noch einmal anschauen. Ich hielt meine Augen offen und starrte durch No-Eyes hindurch.

Sie machte mit mir dasselbe.

Dann sah ich das Haus wieder. Es hatte aufgehört zu schneien. Vollmond badete das Gebäude in silbernem Licht. Ich trat ein. Zuerst das Büro. Es war dunkel und leer. Ich blickte auf einen Stapel Briefe auf dem Schreibtisch. Das Mondlicht schien hell durch das Fenster davor. Das Briefpapier hatte einen Briefkopf. Die Erwartung, ihn zu sehen, ließ mein Herz schneller schlagen. Mein Blick schweifte über den Schreibtisch, und kurz bevor ich in das andere Büro hinübergehen wollte, entdeckte ich es. Ich fand, was ich zu suchen gekommen war, auf dem kleinen Tischkalender. Sofort war mein Geist überglücklich und aufgeregt. Mein Sehen fokussierte sich wieder, und ich kicherte. Nun war ich zurück bei der Alten.

«Siehst du, wie leicht es ist?» prahlte sie.

Ein so tiefes Glücksgefühl durchströmte mich, daß ich lachte. Auch sie lachte knatternd. «Summer kann mit den Augen der Seele die Dinge sehen, genau wie No-Eyes. Es ist nicht so schwierig.»

Wir standen auf, und ich machte ihr Tee. Die Zeit, die wir auf dem Fußboden verbracht hatten, war wesentlich länger, als ich zunächst gedacht hatte. Die Stunden waren an uns vorbeigerauscht. Die Sonne würde schon bald untergehen, und ich mußte mich auf den Weg machen. Nur sehr ungern nahm ich Abschied von dem funkelnden Geist der Alten. Er wurde nur noch von dem vollkommenen Licht ihrer reinen Seele überstrahlt.

Sie sprach vom zukünftigen Unterrichtsstoff und umriß unseren Arbeitsplan. Es würde noch eine Woche dauern, bevor ich mich wieder würde freimachen können, und ich wußte, daß diese Woche sich wahrscheinlich hinziehen würde. Bereits jetzt hatte ihre gute Medizin bei mir gewirkt. Bereits jetzt dürstete ich nach jedem ihrer weisen Worte.

«Summer darf No-Eyes nicht zum Allerwichtigsten machen.»

«Tue ich nicht, aber du bist *sehr* wichtig.»

«Summer hat Familie. Summer wird auch zu Hause gebraucht.»

«Ich weiß.»

«Die Familie mag Summer. Summer mag die Familie. Wir werden genug zusammen sein. Es macht nichts, wenn Summer eine Woche nicht kommt. Summer muß *alle* Tage lieben und leben. Alle Tage sind neue Tage.»

«Ja, das ist die Art von Gedanken, die uns soweit gebracht hat.»

«Okay! Mir geht's gut. Summer muß jetzt gehen. Summer hat Bill viel zu erzählen.»

Ich brachte noch mehr Holz für No-Eyes hinein und wickelte mir meinen Schal dick um den Hals. Als ich mich widerstrebend bereit machte aufzubrechen, umarmte sie mich.

«Summer ist wie die Tochter, die No-Eyes nie hatte. Eines Tages gebe ich Summer die Erinnerung an die alte Lebensweise.»

Wir umarmten uns weiter, und schließlich riß ich mich los, Tränen in den Augen.

Später, nach vielen Monaten des Zusammenseins, nahm mich die alte Chippewa auf einen geistigen Besuch in die alten Tage der freien Indianer mit. Sie ließ mich ihre Emotionen fühlen. Ihr Glück war meines. Ihre farbenfrohen Zeremonien waren meine. Ihre persönlichen Gedanken waren meine. Sie pflanzte ein großes Erbe in meinem Herzen. Sie gab mir das größte Geschenk aller Zeiten. Ein Geschenk aus der glorreichen Vergangenheit. Das wundersame Geschenk einer prächtigen Erinnerung daran, wie die Dinge waren, aber nie wieder sein würden.

Es war spät, als ich nach Hause kam. Die Kinder waren längst im Bett, und Bill las. Er war sehr gespannt darauf, von meinem Tag zu hören, und ich war natürlich genauso begierig, ihm alles zu erzählen, was ich getan hatte. In der Nacht schliefen wir zufrieden darüber ein, daß die Verwirklichung unserer Aufgabe tatsächlich näher gerückt war. Sie war sichtbar.

No-Eyes' Antwort

Mögest du nach kostbaren Goldschätzen suchen
und sie in den Herzen anderer finden.

Heute würde einer meiner besonderen Tage sein. Ich würde ihn mit No-Eyes verbringen. Ich war von großer Vorfreude erfüllt, als ich unseren alten Wagen an das Ende der Straße unterhalb ihrer Hütte steuerte. Ich würde laufen müssen, um zu ihrem Heim zu kommen, und jeder Schritt verstärkte meine Aufregung. Während ich meinen Weg durch die rollenden Nebel des frühen Morgens suchte, stellte ich mir heimlich vor, zu welchen möglichen oder, genauer gesagt, zu welchen unmöglichen Orten sie mich führen würde, wie sie mich hindurchbringen und sicher wieder nach Hause begleiten würde. Ich hielt an und blinzelte zur Sonne empor, deren Geist träge über den Wäldern wehte, sich hier durch hohe Espengruppen und dort zwischen gestürzten Kiefern hindurchschlängelte. Ich dankte dem Sonnengeist für all seine lebensspendende Hilfe, für alle Dinge, die leben und wachsen. Eine Lerche glitt anmutig an mir vorbei, als ob sie mir sagen wollte, daß ich viel zu lange trödelte. Momentan kam mir der Gedanke, daß ich in der Tat die alte Chippewa-Frau warten ließ, und daß ich mich beeilen müßte, um unseren fruchtbaren Tag miteinander nicht zu verkürzen. Dann lachte ich innerlich, verlangsamte wieder den eben beschleunigten Schritt. So gut kannte ich die alte Frau doch wirklich. Sie würde nie auf irgend jemanden warten. Sie war immer in oder um ihre Hütte herum beschäftigt. Es sah beinah so aus, als ob nichts oder niemand sie zur Eile antreiben oder ihr auch nur die geringste Sorge verursachen könnte. Ich würde gern glauben, daß meine regelmäßigen Besuche in der letzten Zeit ihr mehr bedeuteten als ein normaler Tag allein; ich glaube jedoch nicht, daß bei der alten Frau irgendein Tag normal ist, wenigstens nicht nach den Maßstäben des modernen Menschen. Ich wußte nie, was ich erwarten sollte, und das war für mich der aufregendste Teil. Als ich näher an ihre Hütte kam, ließ das natürliche Pandämonium der Waldgeräusche plötzlich nach. Es wurde so still, daß sogar die Bäume aussahen, als seien sie einfach nur auf die Leinwand eines unsichtbaren Künstlers gemalt. Das war eine ganz neue Erfahrung für mich. Ich war mir nicht sicher, was ich tun sollte. Bisher war immer alles um ihr Haus herum fröhlich und geschäftig gewesen, aber dies hier, dies war regelrecht unheimlich.

Ich konnte spüren, wie sich winzige Perlen von Feuchtigkeit ihren Weg aus meinen Poren bahnten, und das unterschwellig prickelnde Gefühl hochgestellter Nackenhaare sandte plötzlich die vertraute Botschaft «Achtung» in mein Gehirn. Normalerweise wußte ich, daß diese starken Körpersignale mich spüren ließen, daß ich in der unsichtbaren Gegenwart von etwas war, das nicht gut war. Manchmal konnte ich die Ursache sofort erkennen, identifizieren und angemessen damit umgehen. Zu anderen Zeiten, wenn ich sie so wie jetzt nicht genau erkennen konnte, rückte ich langsam davon ab, bis die negativen Signale ganz verschwunden waren. Diesmal jedoch rückte ich nicht ab. Ich fühlte mich zu der stillen Hütte der alten Frau hingezogen. Es war ein Gefühl, als ob ich mich auf tauben und gelähmten Gliedern bewegte, doch irgendwie kam ich voran. Meine schrecklichen Warnsignale ließen nicht nach. Mein Verstand konnte nicht begreifen, warum ich nicht auf der Stelle kehrt machte und wie angestochen vor diesem furchtbaren Strudel des Schreckens, der soviel innere Furcht verursachte, davonrannte. Ich ging langsam weiter auf das Haus zu. Ich war jetzt vor den Stufen der Hütte angelangt und wußte, daß meine Beine sich nach oben bewegten, in einer Folge zeitloser Schritte.

Mein Verstand war jetzt in einem so entsetzten Zustand der Verwirrung, daß ich keine körperlichen Gefühle mehr verspürte und mich voll und ganz dem unterwarf, was solch hartnäckige Kraft ausstrahlte. Ich gab nach und fühlte wie durch ein Wunder ein solches Hochgefühl, wie ich es nie zuvor und auch später nie wieder gefühlt habe. Ich öffnete die wacklige Tür und trat ein. Obwohl draußen ein heller und sonniger Tag herrschte, war es im Inneren der Hütte dunkel, eine rauchige, wogende Art von Dunkelheit. Ich mußte mir einige Minuten nehmen, bis meine Augen sich angepaßt hatten. No-Eyes saß ruhig mit geschlossenen Augen und völlig reglos in ihrem Schaukelstuhl. Mein Herz machte einen schmerzhaften Sprung. Ich dachte, die alte Frau wäre tot. Sie bewegte sich nicht, als ich sie sanft anrief, und ich kroch durch das Zimmer, um bei ihr niederzuknien. Ich berührte sanft ihre geäderte Hand. Sie war kalt. Ich konnte keinen Atem hören und blickte mit angehaltener Luft in ihr altes, verrunzeltes Gesicht.

Plötzlich klappte No-Eyes ein ebenholzschwarzes Auge weit auf, und ein listiges Grinsen kroch ihre Mundwinkel hinauf. Ich sprang in totalem Entsetzen zurück, verlor das Gleichgewicht und fiel auf den harten Kiefernholzboden.

«Summer klingt, als ob sie eine Tote gesehen hätte, he?»

Ich war in einem Sumpf verwirrter und verstörter Gefühle. Ich wußte nicht, ob ich aufstehen und sofort No-Eyes dafür erwürgen sollte, daß sie mich so fürchterlich erschreckt hatte, oder ob ich sie dafür umarmen sollte, daß sie nicht tot war. Ich blieb an der Stelle sitzen, wo ich hingefallen war, und starrte sie an, bis meine Gefühle richtig geordnet waren.

Ihr alter, ramponierter Schaukelstuhl nahm seinen Rhythmus auf, rumpel – quietsch, rumpel – quietsch. Die Vögel brachen wieder in ihren rauhen Kampf um kleine Nahrungsbissen aus. Der wärmende Wind spielte mit ihren dünnen, schäbigen Gardinen. Ich nahm alle diese Normalität auf, aber das, was meinen flammenden Zorn am meisten beruhigte, war ihr ansteckendes Grinsen. Wer könnte je einer alten Frau mit diesen funkelnden Augen und einem zahnlosen Grinsen böse sein? Ich gab nach, schüttelte den Kopf und grinste zurück.

Obwohl No-Eyes vollkommen blind war, wußte ich, daß sie eine einmalige Art hatte, alles zu sehen, was sie sehen wollte oder mußte. Sie hatte gesehen, wie ich die stille Lichtung rund um ihr Haus betrat. Sie hatte mein gespenstiges Herannahen gesehen und, was am schlimmsten von allem war, sie hatte meinen plötzlichen Schreck gesehen, als sie dies eine blinde Auge wie ein Kobold aufgeschlagen hatte. Ich war natürlich verlegen und tief beschämt darüber, daß ich das Objekt ihres fragwürdigen Humors geworden war. Doch No-Eyes verschwendete nie ihre kostbare Zeit oder ihre wertvollen Energien, wenn nicht irgendeine lebensnotwendige Lektion im Spiel war. Das hatte ich ebenso gelernt, wie ich ihre besondere Art des Sehens lernen sollte – ohne meine Augen zu benutzen.

«No-Eyes, ich hoffe, dir hat dein Spaß Freude gemacht. Nachdem du nun herzhaft über mich hast lachen können, sag mir, durch was, in Gottes Namen, ich da draußen durchgegangen bin?» fragte ich sie aufgeregt.

Als No-Eyes aus ihrem Stuhl aufstand, konnte ich fast das Quietschen ihrer spröden Knochen hören. Sie schlurfte zum Fenster, sah zur Sonne hinauf und wandte sich zu mir. «Summer hat die Antwort auf Summers Frage gefühlt», antwortete sie ganz sachlich.

Junge, Junge, war ich vielleicht durcheinander. Ich hatte ihr keine Fragen gestellt, und ich konnte beim besten Willen nichts, was ich gesagt haben könnte, mit den schrecklichen und widerlichen Schwingungen in Verbindung bringen, durch die ich da draußen gegangen war. Ich hätte schwören können, daß irgendeine riesige Verkörperung des Übels mich jeden Moment kraftvoll verschlingen würde. Ich habe so etwas schon früher gespürt, aber nie zuvor habe ich mich ihm absichtlich genähert, oder bin ich gar durch diese Kraft durchgegangen. Ich konnte einfach nicht die richtigen Verbindungen herstellen, von denen No-Eyes behauptete, daß sie da wären. Ich muß für sie wie ein dummes Schulmädchen ausgesehen haben, denn sie bewirkte auf alle Fälle, daß ich mich so fühlte.

Ich warf mich auf das abgewetzte Sofa und schmollte. No-Eyes hatte sich mit geschlossenen Augen den entfernten Bergkämmen zugewandt. So blieben wir, ich weiß nicht wie lange, in der Zeit gefroren. Plötzlich kam mir eine meiner letzten Fragen in den Sinn; es war mehr als wahrscheinlich, daß sie sie dorthin geschickt hatte. Sie war gut darin, einem das Gefühl zu geben, daß ihre Gedanken in Wirklichkeit die eigenen waren. Ich unterbrach die Stille zwischen uns. «No-Eyes, hatte all dies merkwürdige Geschehen da draußen etwas mit dem zu tun, was ich dich über die Menschen und warum sie die Natur nicht spüren, gefragt habe?» fragte ich verschämt.

Sie grinste und nickte.

Wieder herrschte Stille, und es entstand eine Atmosphäre tiefer Gedanken. Ich wurde nachdenklich und versuchte verzweifelt zu ordnen, was das alles bedeutete. Ich sah nicht, wie sie mir überhaupt eine richtige Antwort gegeben hatte. Es war ein richtiges Wirrwarr. Ein echter geistiger Irrgarten, durch den ich meinen Weg erfühlen mußte.

Manchmal konnte es eine wirkliche geistige Herausforderung in Logik sein, mit No-Eyes zu kommunizieren. Ich dachte weiter darüber nach. Es war aussichtslos. Wenn es denn eine vernünftige und logische Verbindung zwischen meiner unschuldigen Frage und den Schrecken, die ich da draußen gespürt hatte, gab, war sie mir völlig verborgen. Diese Aufgabe konnte ich nicht allein lösen. Ich brauchte wohl noch viele, viele Unterweisungen.

Sie setzte sich neben mich und nahm meine Hand. Sie streichelte sie sanft und umschloß sie mit beiden Händen.

«Summer», begann sie leise, «du willst so viele Dinge wissen, doch Summer muß lernen, klar zu sehen.»

Ich gab ein zustimmendes Stöhnen und hörte auf die weisen Worte, von denen ich wußte, daß sie nun folgen würden.

«Ich bringe Summer alle schlechten Gefühle der anderen. Ich zeige Summer, was in den Herzen derjenigen ist, die nicht den Großen Geist in allen Dingen sehen können. Summer hatte Angst vor diesen schlechten Gefühlen, aber jetzt ist Summer in Ordnung, wie?»

In meinem Kopf ging die blöde Glühbirne an und aus. Natürlich, das war die handfeste Verbindung!

Unsere verwickelte Unterhaltung dauerte bis weit in den frühen Nachmittag, und mein Unterricht wurde mit vollem Schwung fortgesetzt. No-Eyes erzählte mir, daß sie eine beeindruckende Art brauchte, um mir die Antwort auf meine Frage zu zeigen. Meiner Meinung nach, auf die sie allerdings keinen Wert legte, hätte sie ruhig etwas weniger Furchteinflößendes aussuchen können. Aber so waren die Lehren der alten Frau – Lehren, die man nie vergaß.

Sie sagte mir, daß ich dann, wenn meine Seele empfinden, wirklich tief empfinden könnte, welche Wünsche und Bedürfnisse die meisten Menschen hätten, daß ich dann auch verstehen würde, warum ebendiese Menschen so unsensibel gegenüber dem Geist und der Schönheit der Natur sind. Dann würde ich begreifen, warum sie Angst vor einer Bergnacht haben, und warum sie die Blumen nicht einmal sehen, geschweige denn, entlang des Weges anhalten, um sich an der Süße ihres Dufts zu erfreuen.

Geduldig erklärte sie mir, daß das, was ich spürte und fürchtete, ihr falsches Verständnis vom Sinn des Lebens war. Ich fühlte die Gier nach Reichtum und Rang. Ich spürte die unwürdig-kämpferische Haltung, den eigenen Nachbarn von hinten zu erschlagen, wenn es einem selbst einen persönlichen Vorteil bringt. Ich fühlte Hunderte von Lügen und Falschheiten, Eifersucht und Neid, Haß, der sich auf rachevollen Haß und mörderischen Haß türmte. Ich fühlte Zorn, einen unglaublichen Zorn. Ich fühlte die erschreckende vollkommene Abwesenheit von Gott.

No-Eyes erklärte all diese furchtsamen Gefühle, die ich spürte, vollkommen, und sie erklärte mir auch, daß ich, obwohl ich so erschrocken war, unversehrt durch sie hindurch gehen konnte, weil ich diese Gefühle selber nicht besaß. Ich war sozusagen entfernt und unberührbar. Sie erklärte mir, daß ich sicher schwer betroffen gewesen wäre, wenn ich auch nur im Geheimen eines dieser negativen Gefühle in meinem Herzen geborgen hätte. Ich konnte nur deswegen durch diesen furchtbaren psychischen Strudel laufen, weil ich völlig entgegengesetzte Wünsche, Bedürfnisse und Gefühle hatte.

Ich dankte ihr freundlich für ihre klare Antwort, deutete aber auch an, daß sie das nächste Mal nicht gar so bildlich sein müsse.

Sie drückte meine Hand, und wir verbrachten den Rest des Tages damit, fleißig ihren Medizinvorrat aufzustocken. No-Eyes ist wahrlich eine der größten Medizinfrauen ihrer Zeit. Sie hatte Tränke und Mischungen, die es mit jeder neuzeitlichen pharmazeutischen Firma aufnehmen konnten. Sie hat einen Vorrat von Flaschen, Dosen, Röhrchen und Schachteln voll aller möglichen geheimnisvollen Dinge. Sie ist eine wundervolle, liebenswerte Frau, die das verlorene Verständnis der alten Heilweisen vollkommen erfaßt hat. Sie kennt jede Pflanze, weiß, wo sie zu finden ist, was sie für einen tun kann und wann sie gepflückt werden muß, um die richtige Wirkkraft zu haben. No-Eyes sagte mir, daß sie mich einige dieser Dinge lehren würde, wenn ich Lust hätte, sie zu lernen. Das habe ich.

Sie besitzt große Geduld und unendliches Verständnis. Sie hat eine bestimmte Art, einen die eigenen Fragen in einem logischen Muster zu Ende denken zu lassen. No-Eyes kann nicht sehen, aber ihr altes Wesen strahlt die liebevolle Aura Gottes aus.

Als die Finger des Sonnenlichts länger und länger wurden, wußte ich, daß es für mich Zeit war, diesen warmen und wunderbaren Ort des Lernens zu verlassen. Wir hatten einen fröhlichen Tag damit verbracht, zu reden und ihre Flaschen aufzuräumen. Ich hielt No-Eyes' alte Hände zärtlich in meinen eigenen. Worte waren überflüssig.

Als ich mich zum Gehen anschickte, blieb ich in ihrer offenen Tür stehen und schaute hinaus. Sie rief mir zu: «Sie sind weg, Summer, sie sind alle weg.»

Ich drehte mich so schnell noch einmal zu ihr herum, daß ich ein leichtes Lachen hinter dem herrlichen, zahnlosen Grinsen hören konnte. Vertrauensvoll verließ ich das Heim der alten Frau. Auf dem Weg zurück zu meinem Auto umgab mich das beruhigende Licht der Dämmerung. Die kleinen Waldbewohner machten sich eilig für die Nacht bereit, und als ich den Motor anließ, schaute ich durch die Bäume und sah No-Eyes auf ihrer Veranda stehen. Sie war der prächtigen untergehenden Sonne zugewandt, hob ihre dünnen Arme und gab Dank. Vielleicht dankte sie dem Großen Geist für den wunderbaren, warmen Tag. Vielleicht sagte sie Dank, daß ihr noch ein Tag Leben zugeteilt worden war. Oder vielleicht sagte sie Dank, daß mein Pfad den ihren gekreuzt hatte. Das würde ich gerne glauben.

Das Geschenk von Wakan-Tanka

Möge dein Verstand durch die Glut der Wahrheit leuchten
und dein Geist ihren heiligen Grund schützen.

Der späte Frühlingsschnee wich schließlich einem Bilderbuch-Sommer. Mutter Erde ließ nichts aus. Die Sonne war warm und berührte alles Leben mit Strahlen der Freude. Ein ungemein erfreulicher Vorteil der Colorado Rockies sind die vielen Sonnentage. Fast jeder Tag ist von strahlend hellem Sonnenschein erwärmt, auch im Winter. Die grauen Himmel des Ostens sind hier wirklich eine Seltenheit.

Es war die hohe Zeit des Sommers und der Touristen. In unserem kleinen Ort auf dem Bergpaß standen alle Arten von Ferienfahrzeugen Stoßstange an Stoßstange. An jedem beliebigen Tag konnte man auf den Nummernschildern der Autos, die über unsere Hauptstraße fuhren, die Hälfte der amerikanischen Staaten wiederfinden. Früher haßte ich diese Schönwetter-Eindringlinge. Bis ich eines Tages erkannte, daß die Herrlichkeit der Berge für alle da ist, die sie sehen und genießen wollen. Nun machen mir die Touristen nicht mehr so viel aus.

Ich genoß den Sommer. Obwohl der Herbst mir die liebste Jahreszeit ist, war der Sommer die einzige Zeit, zu der ich nach der Sonne greifen konnte. Ich saß stundenlang auf unserer Terrasse und sog ihre grenzenlosen Energien in mich auf. No-Eyes hatte mich in der feineren Kunst des Sonnenbadens ohne die krankmachenden Einflüsse der Strahlung unterwiesen. Nie legte ich mich zwischen elf Uhr morgens und zwei Uhr nachmittags hinaus. Sie wies immer darauf hin, daß die Zeit zwischen zwei und vier Uhr nachmittags die beste Zeit für tiefere Bräune war. Das hatte alles etwas mit dem Winkel der Sonnenstrahlen zu tun. Natürlich gehörte, wenn man No-Eyes kannte, mehr dazu, als sich einfach in einen Liegestuhl fallen zu lassen.

Sie sagte mir, daß ich meinen Körperschutz stärken müßte, sozusagen einen Schild aufbauen. Geistig diente dieser Schild wie ein Glasfenster zwischen mir selbst und der schädlichen Strahlung. Ich lernte mit der Sonne zu sprechen, während ich mich der Wärme hingab, die meinen ganzen Körper durchdrang. «Oh, großes Wesen des Himmelvaters, ich bin dir für immer dankbar für deine heilsamen Strahlen. Dringe in diesen Körper ein und schenke ihm deine reichlichen Energien. Mögen nur deine heilsamen Strahlen diesen dankbaren Körper berühren.»

Ich lernte, mit meinem Körper zu sprechen. No-Eyes betonte immer wieder, daß das Denken allein Gesundheit oder Krankheit des physischen Körpers kontrollieren könne. Positive, gute, optimistische und liebevolle Gedanken waren eine Grundvoraussetzung für die Gesundheit. Wie oben (das Denken), so unten (der leibliche Körper). Ich sprach während des Sonnenbadens mit meinem Körper. «Laß keine schädlichen Strahlen hinein. Erlaube nur den heilsamen und heilenden Energien einzudringen, um das vollkommene Gleichgewicht des Organismus aufzuladen und auszugleichen. Nur heilsame, heilende Strahlen dürfen eintreten. Alle schädlichen Strahlen *müssen* an meinem Schild abprallen.» Diese Liturgie wurde viele Male wiederholt, wenn ich die wunderbaren Strahlen der Sonne genoß. Oft erwischte ich mich dabei, daß ich lächelte, während ich die Worte sagte. Es war so ein gutes Gefühl. Ich konnte beinahe wahrnehmen, wie die heilsamen Strahlen der Sonne in meinen Körper eindrangen und verschiedene nicht so gesunde Stellen heilten. Und so habe ich eine therapeutische Energiebehandlung visualisiert. Mein tägliches Sonnenbad galt als Ruhepause von dem Lauf der Welt. Dort konnte ich entspannen und meine Körpersysteme durch die mächtige Kraft der Sonne von Grund auf wiederbeleben lassen.

Ich fuhr auf meiner üblichen Strecke zur Hütte der alten Frau. Ich hatte Glück, daß ich mich nicht in die endlose Karawane von Wohnwagen einreihen mußte, weil meine Route selten von anderen benutzt wurde. Ich war an diesem wunderbaren Morgen ungewöhnlich gut gelaunt. Obwohl es noch früh war und die Dämmerung erst graute, konnte ich sehen, daß der Tag wieder ein Meisterstück der Natur werden würde. In letzter Zeit war ich oft in Rocky Mountain-Hochstimmung. Es gab so viele Dinge, für die ich dankbar sein konnte, daß meine Seele schwebte. Ich hatte drei schöne Töchter, einen wunderbaren Freund, der zufällig auch noch mein Ehemann war, und wir fünf waren glücklich und gesund. Ich hatte Essen auf unserem Tisch, ein bescheidenes Dach über unseren Köpfen und eine wahre Freundin. Und ich hatte No-Eyes. Ich war unglaublich glücklich an diesem Morgen. Ich dachte an die Feier, die No-Eyes und ich vollziehen würden. Es würde etwas Besonderes sein – das war es immer. Mittlerweile freute ich mich immer auf unser morgendliches Dämmerungsritual. Es war ein Gebet der Danksagung. Es war etwas Wunderschönes.

Meine Gedankenwanderungen hatten mich langsamer fahren lassen. Ich eilte No-Eyes' Berg hinauf, als ich sah, daß sie schon oben am Kamm war. Er war nicht länger kalt und schneebedeckt. Nun schenkte eine Vielfalt wilder Blumen in unserer heiligen Kathedrale ihren angenehmen Weihe-Rauch. Wir vollzogen das Morgenritual und gingen zurück zur Hütte. Nun durfte ich das heilige Bündel tragen.

«Müssen wir reingehen?» fragte ich, als wir uns der Hütte näherten. Sie unterbrach ihr rhythmisches Schreiten. «Willst du das den ganzen Tag halten?»

«Nein. Können wir es verstauen und wiederrauskommen? Es wird ein wunderbarer Tag.»

Sie schnupperte übertrieben die Luft, die voll war mit dem feinen Extrakt der Natur. Sie hob ihr braunes Gesicht in die östliche Sonne, deren schwache Strahlen bereits stärker wurden. Dann sah sie zu mir. «Summer, bring es rein. Wir bleiben heute draußen.»

Ich rannte in die kühle Hütte und legte andächtig die beiden Medizinpfeifen in ihre Schachtel. Ich gesellte mich wieder zu ihr draußen in der Sonne.

Sie hatte zwei der alten Stühle herangezogen, die aus Espenholz gemacht waren. Sie klopfte auf den Sitz des einen.

Ich setzte mich ihr gegenüber. «Es wird einfach prächtig heute, No-Eyes. Du solltest all die Touristen im Ort sehen.» Ich lachte.

«Ich mag keine Menschenmengen.»

Sie lehnte sich auf ihrem steifen Stuhl zurück und seufzte.

Ich mochte diese harten Stühle nicht besonders. «Ist es in Ordnung, wenn ich mich ins Gras setze?»

«Das macht nichts.»

Ich schob den Stuhl beiseite und setzte mich im Schneidersitz vor sie hin.

«Das ist nicht gut.» – «Wie meinst du das? Du hast gerade gesagt, ich könnte mich ins Gras setzen!»

«Summer sollte nicht mehr so sitzen – das ist schlecht für die schlimmen Knie. Summer braucht Druck, so.» Sie machte es an ihren eigenen Knien vor. «Vorm Einschlafen muß Summer das rechte Knie durchgedrückt halten – so, daß der Druck hier ist. Siehst du? Dann wird der Schmerz weggehen.»

Ich folgte ihrem Vorschlag. Ich schlief nach ihren Anweisungen, und der Knorpel in meinem rechten Knie wanderte nicht mehr herum und klickte, wenn ich lief.

«Dies ist ein guter Tag für eine Lektion in Liebe.»

Das entsprach genau diesem Tag. Es war wunderbar.

«Will Summer zuhören oder die Vögel im Ohr haben?»

Ich grinste. «Ich will zuhören.»

«Gut!»

«Gehen wir heute irgendwohin?»

«Vielleicht, vielleicht nicht. Wir sehen, wie Lektion läuft.»

Ich schaute einem Wanderfalken zu, der mühelos über seinen azurblauen Ozean segelte.

«Wir gehen rein! Summer kann ihre Gedanken heute nicht zusammenhalten. Die Gedanken sind überall in den Bergen!»

«Nein. Es tut mir leid. Ich höre zu.»

Schweigen. Sie überprüfte es.

«Siehst du? Ich *höre* zu», versicherte ich.

«Hmm!»

Mir kam der Gedanke, daß die Alte schaukeln wollte. Sie schaukelte immer, wenn sie eine Lektion gab. «Soll ich dir deinen Schaukelstuhl holen? Ich könnte ihn hierher...»

«*Summer!* Wie soll No-Eyes *denken*, wenn Summers Mund die ganze Zeit plappert? He?»

«Ich dachte nur...»

«Ich denke! Summer soll *zuhören!*»

«Du brauchst dich nicht aufzuregen. Ich wollte nur...»

«Zuhören?»

«Nein. Aber das werde ich jetzt. Ich verspreche es.»

«Hmm! Es hat lange genug gedauert, bis Summer die Lektion des Zuhörens begriffen hat. Erinnert sich Summer daran?»

Mann o Mann! Und wie ich mich an die erinnerte. Wie könnte ich sie je vergessen? Sie hat mich beinahe umgebracht! «Ich erinnere mich», sagte ich verschämt.

«Gut! Wir fangen jetzt an. Wir werden über Liebe sprechen. Nicht die Liebe eines Liebespaares – einfach die Liebe, das Gefühl von Liebe.»

Ich hörte zu.

«Unser Volk hatte richtige Liebe. Sie wußten, was Liebe war, haben die Bewegung der Seele gespürt – eine besondere Schwingung, hier.» Sie zeigte auf ihr Herz. «Vor langer Zeit dachte unser Volk nicht an sich selbst wie die Menschen heute. Die Liebe war *nie* für einen selbst. Die Liebe war für andere – immer. Unser Volk wußte, daß Liebe und das Große Geheimnis eins sind. Das ist wichtig, Summer.»

Ich beruhigte sie. «Ich bin hier. Ich höre zu. Ich liebe es, wenn du über die alten Lebensweisen sprichst.»

«Das sind *nicht* alte Weisen. Diese Weisen sind *jetzt* noch gut. Das ist es, was nicht in Ordnung ist. Die Leute leben heute nicht mehr in der alten Lebensweise! Ich spreche von den alten *Zeiten*, als die Menschen noch richtig liebten – im Herzen.»

«Ich verstehe. Erzähl weiter.»

Sie seufzte.

Ein sanfter Wind rauschte durch die hohen Espen. Eichhörnchen sprangen verspielt unter den nahen Büschen umher. Die Vögel zwitscherten lärmend, hüpften von einem Zweig auf den nächsten und schüttelten die smaragdgrünen Espenblätter. Ein neugieriges Stachelschwein watschelte unter einem umgestürzten Baumstamm hervor. Schmetterlingsflügel reflektierten ein sich ständig wandelndes Kaleidoskop transparenter Farben, während sie um die hohen goldenen Schmetterlingsblütler herumgaukelten. Die Blumen selbst nickten und schaukelten im Takt mit dem sanften Lied des Windes. No-Eyes ließ ihre Worte mit ausdrucksvoller Lebendigkeit sprühen. Der Himmel war in blendenden Farbtönen von Azur- bis Himmelblau angemalt, er war ein meisterlicher Hintergrund für meine friedliche Szenerie. Gott, war es schwierig, still zu sitzen. Ich erstickte den Zigeuner in meiner wandernden Seele. Er sehnte sich verzweifelt danach, den dunkelgrünen Kamm des Höhenzuges hinaufzurennen und zum ausgelassenen Flug mit dem hochfliegenden Falken abzuheben. Ich liebte die unschuldige Schönheit der Natur. Ich liebte meine Berge. Ich liebte ihren einfachen Charakter. Plötzlich merkte ich, daß die alte Frau nicht mehr sprach, und ich wußte nicht, warum sie aufgehört hatte. Ich war in Schwierigkeiten. Ich hielt meinen Kopf gesenkt und richtete meine Augen angestrengt zu ihrem Gesicht auf. Herr im Himmel, die alte Dame war eingeschlafen! Dann sah ich voll zu ihr hinauf.

No-Eyes hob ein träges Augenlid. Sie sah genau auf mich.

«Ich dachte, du schläfst», sagte ich.

«Könnte ich auch. Summer schläft – hier oben!» antwortete sie und zeigte auf ihre Schläfen.

Ich bedauerte aufrichtig, geistig so unhöflich weggedriftet zu sein. Ich schämte mich dafür, daß ich den Worten der alten Frau keine Aufmerksamkeit geschenkt hatte. Was konnte ich sagen? Nichts.

«Will Summer jetzt ihre Hände studieren? Dort ist keine Antwort zu finden.»

Ich blieb unglaublich verlegen.

«Summer braucht sich nicht schlecht zu fühlen. Summer hat gerade einen großen Teil der Lektion gezeigt.»

Ein Anflug von Erleichterung kam in meinen Geist. «Wie? Wie habe ich einen Teil deiner Lektion gemacht?»

«Hmmh! Wann wird Summer lernen, Teile zusammenzufügen?» Sie seufzte. «Was hat Summer gefühlt, als ich gesprochen habe?»

Ich wollte nicht zugeben, was ich gefühlt hatte. Ich hätte zuhören sollen, nicht fühlen. Aber durch ihr weises Wissen war ich zu klug, um je zu versuchen, sie zu belügen. «Ich habe daran gedacht, wie sehr ich die Berge liebe. Alles ist so voll wilden Lebens! Ich habe dem Falken beim Gleiten und Hinabtauchen zugeschaut. Ich habe bemerkt, wie die Sonne sich in den Farben der dünnen Schmetterlingsflügel reflektiert. Und die Eichhörnchen hatten mit ihrem Fangspiel einen wunderbaren Spaß! Der Wind blies seinen Atem durch die Espen, und sie bebten wie...»

Die alte Chippewa grinste breit.

Ich mußte lachen, als mir die Erkenntnis kam. Natürlich! Ich war von meiner Liebe zur Natur völlig absorbiert worden. Liebe, um sie ging es in meiner Lektion – selbstlose Liebe. Wir teilten miteinander die Fröhlichkeit des Vorfalls.

«Summer hat nicht nur zugehört. Summer hat getan! Das ist prima, ich bin nicht wütend.»

Ich drückte meine Erleichterung aus, erzählte ihr aber auch, daß ich mich immer noch schämte, dem gegebenen Thema nicht mehr Aufmerksamkeit gewidmet zu haben. Ich würde mit Sicherheit lernen müssen, meine Gefühle besser unter Kontrolle zu halten. Ich hatte eine furchtbare Schwäche dafür, ihnen nachzugeben.

«Wir machen weiter. Bist du jetzt bereit?»

Ich nickte in der festen Überzeugung, daß ich meinen Wunsch, die Natur zu beobachten, fest in den Griff bekommen würde.

«Nun, in den alten Zeiten hat das Volk alle Dinge geliebt. Sie liebten die Bäume, die Berge, das Gras, die Tiere, alles. Die heiligen Mächte waren die Kräfte der Natur: Wind, Wasser, Feuer, Blitz. Das Volk wußte, Vater Himmel und Mutter Erde sind die Eltern allen Lebens. Jedes Geschöpf hat eine Seele. Die ganze Natur war für das Volk die Kirche. Es ist schlecht, den Großen Geist zu zwingen, sich nur in einem Gebäude niederzulassen. Der Große Geist ist überall! Es ist ewige Pflicht des Volkes, jeden Tag Gebete für das Große Mysterium zu sagen, dankbar zu sein. Die Gebete waren für das Volk sogar noch wichtiger als Nahrung. Alle haben in den schwarzen Regenwolken den Großen Geist gesehen, haben ihn in den donnernden Wasserfällen gehört. Das Volk hat alle Lebenshandlungen zu heiligen Handlungen gemacht. Das Volk wußte, daß die heilige Stille die Stimme des Großen Geistes ist. Diese Stille ist das letztendliche Gleichgewicht von Körper,

Geist und Seele. Die Menschen unseres Volkes haben ihren Besitz weggegeben! Sie wußten, daß der Große Geist nicht im Besitz wohnt. Besitz ist nicht wichtig! Summer, das ist wahre Liebe. Das ist reine Liebe!»

«Es ist wunderbar. Zu schade, daß die Menschen heute sich nicht dazu bringen können, so zu denken.»

«Zu schade? Warum nicht?»

Ich lachte. «Die Menschen denken, daß sie ihre persönlichen Dinge brauchen. Sie denken, daß sie immer erfolgreicher werden, je mehr sie erwerben, und daß andere ihren Erfolg bewundern werden. Dadurch fühlen sie sich gut. Sie könnten sich nie von ihren Sachen trennen.»

«Das bläht sie auf wie einen toten, stinkenden Büffel auf der trockenen Prärie.»

«Das sagt ungefähr alles, No-Eyes.»

«Die Menschen müssen sehen, daß sie so nicht lieben können. Sie müssen sehen, daß sie all das für ihr Selbst tun. Das Selbst muß zuerst gehen – dann kann reine Liebe in die Herzen kommen. In den alten Tagen hat unser Volk all seinen Besitz an andere weggegeben. Sie haben den Besitz nicht geliebt. Sie haben nur andere Menschen, Mutter Erde und das Große Mysterium geliebt.»

Ich fühlte mich nicht gut. «No-Eyes, die Leute heute sind zu sehr damit beschäftigt, herauszufinden, wie sie mehr materielle Besitztümer erlangen können als ihre Nachbarn. Das ist für sie so etwas wie eine Haupttätigkeit. Es ist ein ständiger Kampf um das meiste und Beste und Größte. Die Leute wären ohne ihre Sachen verloren.»

«Bill und Summer nicht.»

«Das ist etwas anderes.»

«Wie ist das anders?»

«Das weißt du.»

«Erzähle No-Eyes, wieso ihr anders seid.»

«Die Umstände. Wir haben es immer schwer gehabt. Bill hat dreizehn Jahre in einer Firma gearbeitet. Er hat sich hochgearbeitet, bis wir nicht mehr den Gürtel so eng schnallen mußten, und dann begannen sie einen langen Streik. Er dauerte sehr lange. Wir verkauften seine Gewehre und meine Hochzeitsringe. Wir hatten drei kleine Mädchen zu ernähren. Das Leben war immer eine endlose Schiffsschaukelfahrt, eine Woche hinauf und die nächste hinunter. Wir haben einfach immer nur das getan, was getan werden mußte, damit wir überleben konnten. Das war für uns Leben. Nicht mehr, nicht weniger.»

«Andere Leute verkaufen auch Sachen.»

«Glaubst du wirklich, sie würden ihre Diamanten verkaufen?»

«Was ist mit Diamanten? Was sind sie überhaupt? Sie bedeuten nicht Liebe. Sie sind nur ein Zeichen. Leute brauchen keine Diamanten, um zu zeigen, daß sie zusammengehören!»

«No-Eyes, ich weiß das und du weißt das, aber es ist Tradition.»

«Pah! Die Leute müssen besser sehen lernen.»

«Sicher, aber sie tun es nicht. Ich glaube auch nicht, daß sie es je tun werden. Manche Dinge verändern sich einfach nicht, No-Eyes. Wenn sie es tun, braucht es sehr, sehr viel Zeit.»

«Die Dinge verändern sich sowieso. Die Dinge werden sich ändern für alle die Leute, die Besitz lieben.»

«No-Eyes, die Dinge werden sich für alle ändern.» Die Diskussion wurde jetzt ernst.

Sie nickte.

Ich wußte, daß der Schaukelstuhl, wenn die Alte jetzt darin säße, in wildem Rhythmus rumpeln und quietschen würde. Sie schaukelte immer sehr schnell, wenn etwas sie auf die Palme brachte.

«Die Menschen sollen lieber anfangen. Sie sollen besser jetzt aufhören, Sachen zu lieben. Das Zeug wird später nichts nützen.»

«No-Eyes, viele Menschen glauben nicht, daß die Dinge sich verändern werden.»

«Na und? Sie merken dann, was ihre vielen Sachen taugen, wenn sie kein Essen im Haus haben, nicht einmal im Laden! Dann können sie ihre tollen Sachen essen. Sie werden herausfinden, wie toll Sachen sind, wenn sie kein Gas mehr kriegen! Werden das gründlich herausfinden. Was werden sie mit ihrem tollen Zeug machen, wenn überall verrückte Leute herumrennen? Was werden sie tun, wenn es keine Elektrizität, kein natürliches Gas, kein Propan mehr gibt, he? Summer, was ist dann?»

Ich konnte sehen, daß sie sich wirklich aufregte. Ich hatte sie noch nie so aufgebracht erlebt. Sie schimpfte weiter.

«Die Menschen sind dumm! Sie haben keine Augen, nicht einmal ein Gehirn! Die Zeit kommt, in der sie andere für Nahrung sogar erschießen. Die Menschen sind sehr dumm!»

Sie zitterte.

«No-Eyes, bitte beruhige dich. Wir machen uns keine Sorgen um die Leute, die nicht zuhören oder skeptisch sind. Wir müssen nur die erreichen, die wissen und glauben. Wir müssen die erreichen, die nicht wissen, aber glauben werden. All die anderen werden nie überzeugt werden, denn sie wollen es nicht. Sie haben jede Menge selbstsüchtige Entschuldigungen dafür, nicht zu glauben.»

«Das ist nur Maske!»

«Natürlich ist es das, aber auch das würden sie nie zugeben. No-Eyes, wir sind hier, um denen zu helfen und die zu trösten, die das suchen. Wir sind nicht hier, um die Skeptiker zu überzeugen. Dafür bleibt keine Zeit mehr, außerdem mache ich mir ohnehin nichts aus den Skeptikern.»

«Summer soll sich aus *allen* Leuten was machen.»

«Tut mir leid, No-Eyes, aber ich habe schon zuviel Zeit für die Ungläubigen verschwendet. Es bleibt nicht mehr genug Zeit. Die Veränderungen stehen dicht bevor.»

«Es ist keine Zeitverschwendung. Summer muß sie überzeugen.»

«Muß ich nicht mehr. In den Monaten mit dir und meinen Jahren mit Bills Führer habe ich herausgefunden, daß es eine Verschwendung von Zeit und Energie *ist*, sich die Zeit für diejenigen mit geschlossenen Augen und Ohren und Herzen zu nehmen. Ihre Seelen sind noch nicht weit genug gekommen.»

Schweigen.

«Hast du gehört, was ich gesagt habe?»

«Ist Summer jetzt bereit, über diesen Führer zu sprechen?»

«Noch nicht, No-Eyes. Ich bin nicht sicher, daß ich es je sein werde. Das ist eine sehr persönliche Sache zwischen uns gewesen. Ich glaube, wir sollten ihn am besten hier herauslassen. Wenigstens so lange, bis ich das Gefühl habe, daß die richtige Zeit gekommen ist – noch nicht.»

«Denkt Summer, daß No-Eyes im dunkeln tappt?»

«Das habe ich überhaupt nicht gesagt. Ich vermute, daß du alles über ihn weißt, wie er kam, wann er kam und warum. Trotzdem bin ich noch nicht darauf vorbereitet, das zu diskutieren.»

«Bis du nicht vorbereitet, oder *willst* du nicht?»

«Vermutlich beides.»

«Hmm. Okay, Summer, vielleicht ein andermal, später.»

«Ja, vielleicht später. Danke für dein Verständnis.»

«Hmm.»

Obwohl sie meine persönliche Haltung zu diesem privaten Thema zu verstehen schien, drängte sie ein bißchen weiter.

«Möchte Summer, daß No-Eyes über ihn spricht?»

«*No-Eyes!* Bitte!»

«Wir müssen früher oder später über ihn sprechen. Summer weiß das!»

«Ja, aber jetzt noch nicht.»

«Okay. Kommen wir zurück zur Liebe.»

«Fein.»

«Die Liebe muß im Herzen sein, bevor die Menschen mit dem Großen Geist leben können. Der Große Geist ist ein wesentlicher Teil der Liebe der Menschen. Sie müssen den Großen Geist im Herzen sehen. Sie müssen wissen, daß der Große Geist Teil der Menschenseelen ist. Es ist alles eins! Wenn die Menschen ihre Sachen loswerden, sehen sie und hören sie den Großen Geist in anderen Menschen. Man kann nicht gut teilen und leben, ohne zu sehen und zu hören. Die Leute sperren die Liebe mit zuviel Zeugs und schlechten Gefühlen aus. Schlechte Gefühle halten immer die Liebe fern. Das Volk, unser Volk, hat immer alles an der Natur geliebt, alle anderen Völker. Unsere Leute sehen und hören den Großen Geist in allen Dingen der Natur.»

«Du hast schlechte Gefühle erwähnt. Damit meinst du Haß, Eifersucht und Gier, oder?»

«Ja. Diese Gefühle machen sogar den Körper krank. Schlechte Gefühle bringen den Körper aus dem Gleichgewicht. Schlechte Gefühle bringen dunkle Kräfte im Körper hoch. Gedanken sind real. Alle schlechten Gedanken machen den Körper sauer und krank. Der Körper braucht keinen Säurezustand. Die Körpersysteme sind nicht im Gleichgewicht, wenn zuviel Säure da ist. Dann gerät alles in die Fugen.»

«Du meinst, *aus* den Fugen.»

«Na und! Summer weiß, was ich meine.»

«Tut mir leid.»

«Was tut's. Ich sage nicht immer das richtige Wort. Aber ich sage immer den richtigen Gedanken. Summer weiß, was No-Eyes sagt, das ist richtig. Summer weiß diese Dinge schon, he?»

«Ja, aber ich höre gerne davon, wie unser Volk richtig gelebt hat, wie unsere Leute ihr kostbares Land geliebt haben, wie sie einander selbstlos gegeben haben. Sie wünschte, die Dinge wären heute auch so. Alles ist so gehetzt, selbst gegessen wird in Eile.»

«Die Menschen heute wissen nicht einmal, wie man essen muß. Sie wissen nicht, wie schlechte Gefühle das Verdauungssystem durcheinanderbringen. Dann wundern sie sich, warum sie einige Sachen nicht vertragen. Sie essen zu schnell. Sie essen sogar, wenn sie wütend oder traurig sind. Sie essen sogar, wenn sie nicht hungrig sind. Sie sind alle dumm!»

«Nun, du kannst sie nicht alle dazu bringen, sich über Nacht zu verändern.»

«Sie ändern sich *nie!*»

«Vielleicht nicht.»

«Hmm! Die Leute sind dumm. Das ist alles. Wir gehen jetzt wohin.»

«Wohin?»

«Wakan-Tanka hat unserem Volk viele gute Sachen gegeben, Liebe ist eine wunderbare Sache. Er hat auch den besonderen Blick der Wahrnehmung gegeben. No-Eyes wird Summer den zeigen. Mach deine Seele bereit.»

Wenn ich meinen Körper zurücklassen wollte, mußte ich mich in eine entspanntere Haltung bringen. Ich lag in dem Mittagsschatten der hohen Espen. Mein Atem wurde weicher. Ich spürte das übliche leichte Schwindelgefühl der Alpha-Wellen in meinem Gehirn. Bald spürte ich Frieden. Ich war draußen.

No-Eyes wartete wie immer geduldig auf mich. Sie konnte wirklich auf Knopfdruck heraus. Ich wurde langsam schneller.
«Komm, Summer, wir gesellen uns zum Falken.»

Der schöne Vogel ritt noch auf den Winden des Tals. Wir schwebten an seiner Seite. Wir schlossen uns seinem schweigenden Flug an. Wir segelten hinauf und tauchten hinab. Es war unsere einzigartige Art, etwas Spaß zu haben. Es war unsere Art, einen besonderen Frieden zu teilen, eine kurze Pause von unseren schwierigen Lektionen. Wenn ich nur dieses unbeschreibliche Gefühl erklären könnte, frei von der entsetzlichen Schwere des physischen Körpers zu sein. Ich wünschte mir von ganzem Herzen, daß ich diese wundersame, gewichtlose Freiheit richtig vermitteln könnte. Die Astronauten kommen dem nicht einmal nah, denn sie sind immer noch unbeholfen und durch ihre komplizierten Kleidungsstücke gefesselt, sie stoßen noch an Gegenstände an. Sie haben Barrieren, die wir nicht haben. Wenn doch unsere Sprache mir nur die angemessenen Adjektive liefern würde, um das Gefühl zu beschreiben. Märchenhaft, wunderbar, einzigartig, spektakulär sind so unglaublich weltliche Begriffe. Es fehlt ihnen so sehr an Bedeutung. Ich wünschte, alle Menschen würden die Möglichkeit ihrer Seele erkennen, so etwas zu tun. Auf dem Wind zu reiten und mit dem Falken zu fliegen war wahrlich ein großes Geschenk des Großen Geistes.

No-Eyes war zurück.

Ich wollte den mächtigen Falken nicht verlassen; andererseits war es meine Aufgabe zu lernen. Ich trat wieder ein und öffnete meine Augen. «Warum sind wir zurückgekommen?»

«Wir gehen wieder.»

«Gut.» Ich schloß meine Augen.

«Von *hier!*»

«Hier? Von hier kann ich nicht fliegen!»

«Summer wird es! Summer wird es lernen.»

O Gott, es war so ein prächtiger Tag. Warum mußte ich ihn mit so harter Arbeit verderben.

«Summer verdirbt nichts! Summer *muß* von hier aus reisen.» Sie deutete auf ihren Kopf.

«In Ordnung.» Ich machte es mir im Gras bequem.

«Setz dich auf.»

«Aber dann falle ich hin, wenn ich losgehe.»

«Summer wird nicht gehen. Summer wird im Körper bleiben.»

«Ich dachte, du hättest gesagt, ich würde reisen?»

«Nur im Kopf, Summer, nur im Kopf.»

Da ich meine Beine nicht mehr kreuzen durfte, zog ich den harten Stuhl heran und setzte mich darauf. Ich rutschte herum, bis es einigermaßen angenehm war.

«Du bist wie ein Wurm.»

Ich lächelte. «Nun, diese Stühle sind nicht gerade die bequemsten in der Welt.» Ich wand mich wieder.

«No-Eyes wird nicht den ganzen Tag warten!»

«Na gut. Ich bin bereit. Glaube ich.»

Sie wußte, daß ich sie aufzog. Ich war bereit.

«Wir werden die Biber da unten beobachten.»

Am Fuß von No-Eyes' Hügel führte ein kleiner Fluß vorbei. Er war von einer fleißigen Biberfamilie bewohnt. Wir konnten jederzeit ihr unaufhörliches Planschen wahrnehmen. Ich schaute den Bibern und ihren geschäftigen Possen zu.

«Summer soll nicht nur zuschauen. Summer soll beobachten.»

Ich beobachtete. Je mehr ich schweigend beobachtete, desto intensiver wurde meine Konzentration. Ich wurde völlig von den Aktivitäten der kleinen Pelztiere gefesselt. Ich merkte, daß nichts anderes in meinem Bewußtsein mehr war als die Welt der Biber. Die Sinne nahmen eine feine Essenz auf. Ich fühlte das stachelige, trokkene Gras. Die Gräser rochen süß, der Duft von Klee schwebte durch meine Nüstern. Das Gewicht des nassen Fells war hinderlich. Das Geräusch des Nagens an frischem, jungem Espenholz war laut in meinen Ohren, nasses Fell wurde trockengeschüttelt. «Dies ist wunder...» Ich war nicht mehr bei den Bibern, sondern zurück auf meinem harten Stuhl auf dem Hügel. «Was ist passiert?»

«Summer hat aufgehört zu beobachten. Das ist passiert. Summer hat sich an ihr Selbst erinnert. Man kann nicht zur selben Zeit beobachten und sich des Selbst bewußt sein. Summer muß das Selbst vergessen. Jetzt geh zurück.»

Ich begann wieder zu beobachten. Ich mußte vergessen, daß ich ein separates physisches Wesen war, ein von dem Subjekt meiner Beobachtungen getrenntes Wesen. Nun, da ich wußte, was ich tun sollte, war es leichter. Bald war ich wieder unten bei den Bibern. Ich war eins mit ihnen. Es war, als ob mein Bewußtsein mich von mir zu ihnen bewegt hätte. Ich saß hier auf einem Stuhl, aber mein Geist war nicht hier. Mein Geist war durch das Beobachten an einen vom Bewußtsein bestimmten Ort gereist. Wieder war ich eins mit der Biberfamilie. Das schnelle fließende Wasser des Flußes war kalt, doch der dicke Pelz isolierte erfolgreich gegen die kühle Nässe. Kleine Partikel von Glimmerschiefer und Schwefelkies glitzerten im reflektierten Sonnenlicht auf dem Flußbett. Es war eine vergnügliche Sinneswahrnehmung, sich durch das gurgelnde Wasser zu bewegen; das Geräusch war unter der gekräuselten Oberfläche gedämpft. Das Echo der kleinen Wellen hallte von den Unterwasserfelsen wider. Die Masse von Stöcken, Schlamm und Zweigen war riesig. Das Wasser stand auf dieser Seite des kunstvoll gebauten Dammes. Genau voraus war eine kleine Öffnung.

«*Summer!*»

Mein märchenhaftes Abenteuer wurde rüde unterbrochen, gerade als ich in das Innere des Dammes schlüpfen wollte. «Warum hast du das gemacht? Ich hätte gleich gesehen, wie es in ihrem Haus aussieht!»

«Der Große Geist hat das Geschenk der Beobachtung gegeben, um zu lernen, nicht um herumzuschnüffeln.»

«Schnüffeln! Das sind nur Biber, No-Eyes, keine Leute.»

«Für sich selbst sind sie Leute. Geht Summer in die Privaträume von anderen Leuten?»

«Das ist eine alberne Frage. Natürlich nicht!»

«*Alle* Geschöpfe sind Kinder des Großen Geistes. Alle Geschöpfe brauchen auch Zurückgezogenheit. Alle Geschöpfe haben Gefühle.»

Darüber dachte ich nach. Ich wußte, daß die Tiere Gefühle hatten. Ich wußte, daß sie ihre eigenen einzigartigen Kommunikationsweisen hatten. Ja, sie ähnelten den Menschen sehr.

«Nun?»

«Du hast recht. Ich sollte nicht schnüffeln.»

«Dieses Geschenk ist was ganz Besonderes. Benutz es nicht, um zu schnüffeln. Es ist leicht zu mißbrauchen. Summer soll es nicht mißbrauchen.»

«Nein. Das würde ich nicht tun, und das weißt du.»

«Ja. Ich weiß. Ich möchte nur sicher sein, daß Summer es auch weiß.»

Ich grinste.

«Zu dumm, daß die Menschen das Geheimnis nicht kennen, wie man Dinge sehen kann.»

«No-Eyes, ich glaube, es ist gut, daß sie es nicht kennen. Denk doch nur daran, wie sie es gebrauchen würden.»

«Mißbrauchen!»

«Ja.»

«Es ist eine Schande. Der Große Geist hat den Menschen so viele Geschenke vererbt. Sie wissen nicht einmal, wie reich sie sind.»

«Wäre die Erde nicht ein wunderbarer Ort zu leben, wenn alle die Gaben kennen und für das Gute nutzen würden? Stell dir einfach mal vor, wie die Welt sich weiterentwickeln würde. Technologie würde dann für den Frieden genutzt werden statt für den Krieg.»

«Krieg, ja. Der kommt.»

«Ich weiß.» Warum mußten wir denn immer wieder auf diese entsetzlich deprimierenden Themen kommen?

«Summer braucht sich nicht zu sorgen. Sie werden es nicht weit kommen lassen.» Sie zeigte auf den Himmel.

«Ich weiß.»

«Woher weiß Summer das?»

«Erinnerst du dich? Ich bin noch nicht bereit, über diese Sache zu sprechen.»

«Diese Sache? Summer meint, über ihn.» – «Ja, über ihn.»

«Was soll's. Die Leute werden eines Tages von ihm erfahren.»

«Vielleicht, vielleicht auch nicht.»

«Wieso vielleicht nicht, Summer?»

«Wieso? Weil zu viele Bücher über Geistführer, die durch Menschen sprechen, auf dem Markt sind. Die Sachen, die sie angeblich gesagt haben, sind absurd! Darum. Und ich werde mich nicht mit ihnen in einen Topf schmeißen lassen. Wir bekommen Dinge zu wissen von einem Mann, der Gottes rechte Hand ist. Ich werde mich nur nicht weiter offenbaren, als ich es bereits getan habe. Das Thema ist *abgeschlossen!*»

«Beinahe.»

«Was soll das denn heißen?»

«Für jetzt ist es abgeschlossen. Das ist alles.»

«Falsch. Es ist für immer abgeschlossen! Jedenfalls soweit es die Öffentlichkeit betrifft. Es geht niemanden außer uns etwas an.»

«Wen? Weiß Robin von ihm?»

«Ja, aber nur weil sie in der Gruppe ist.»

«Wer spricht sonst mit ihr?»

«Der andere – ihr Führer.»

«Okay. Wir sprechen nicht mehr darüber – noch nicht.»

«Mußt du immer das letzte Wort haben?»

«Ja.»

«Dann sag mir, was es bringen würde, wenn alle darüber Bescheid wüßten?»

«Die Leute glauben, Summer sagt die Wahrheit. Die Leute suchen diese Wahrheit.»

«*Du* sprichst die Wahrheit. Warum sollte ich beweisen, daß ich auch die Wahrheit spreche. Das schmeckt mir nicht.»

«Das hat keinen Geschmack. Viele Sucher halten Ausschau nach Wahrheit.»

«Ich weiß, aber ich habe dir schon gesagt, daß ich da ganz starke Gefühle habe. Ich habe *nicht* die Absicht, mich selbst k.o. zu schlagen, in dem Versuch, Skeptiker zu bekehren und Leute zu überzeugen. No-Eyes, die Menschen fühlen es in ihrem Herzen, wenn sie der Wahrheit begegnen. Es ist so einfach wie ein persönliches Erwachen, das eigene Erkennen einer Seele!»

«Summer ist störrisch.»

«Ich bin *nicht* störrisch! Ich werde nur nicht herumlaufen und der Welt meine Seele offenbaren; die Hälfte von ihnen glaubt ohnehin nicht.»

«Da treten Bill und Summer auf. Da taucht die Brüderschaft der Berge auf.»

«Oh, nein. Da bringst du mich nicht rein, auf keinen Fall!»

«Wir werden sehen, Summer, wir werden sehen. Bei einigen Sachen hat Summer nichts zu sagen.»

«No-Eyes», sagte ich sanft, «wir sind müde, zu müde. Wir haben die Wahrheit gesucht. Wir haben sie gefunden. Und wir lernen von dir noch mehr. Wir müssen unbedingt allein sein. Kannst du nicht sehen, daß wir jetzt Frieden brauchen?»

Schweigen.

Ich wußte, daß die alte Frau den Frieden sah, den wir brauchten. Sie wußte, wie lang und schwierig unser Weg gewesen war. Sie wußte Dinge, die ich ihr nie erzählt hatte. Es war offensichtlich, daß sie persönliche Angelegenheiten kannte. No-Eyes wußte um die Ränke der Natur. Sie wußte, daß alles möglich war, weil sie persönlich so viele der «Unmöglichkeiten» der Wissenschaften durchstoßen hatte. Sie hatte durch die verdunkelten Fenster des Universums geblickt und die andere Seite gesehen. Sie hatte die verschlossenen Türen der Wissenschaft geöffnet und war langsam über ihre Schwelle geschritten. Dank ihrer geduldigen Ausdauer wurde ich an diese selben Fenster und Türen gebracht. Doch obwohl wir zwei Frauen gleichgesinnt zu sein schienen, gab es einen gefährlichen Stolperstein. Der tauchte ab und zu während unserer vielen Diskussionen auf. Jede war unnachgiebig. Jede ihrer Überzeugungen und des letztendlichen Ergebnisses sicher. Ich hielt meine Stellung. Einige Aspekte unseres Suchens müssen privat bleiben. Ich spreche von einem Ergebnis dieser Suche. Ich bestehe darauf, daß mich nichts verpflichtet, alles zu teilen, nur weil ich meine Lektionen bei der weisen Chippewa mit Euch, den Lesern, geteilt habe. Manche Dinge bleiben unsere ureigene Angelegenheit, und deswegen verteidige ich meinen Grund, einen Grund, der unglaublich heilig ist.

No-Eyes' Supermarkt

Mögen deine Schritte auf der Brust von Mutter Erde sanft sein, und mögest du ewig dankbar sein für ihre endlosen Wohltaten.

Der Ort Woodland Park in Colorado liegt auf einem Bergpaß. Er schmiegt sich zwischen zwei Gebirgsketten, die von hohen, gesunden Kiefern und Espen bedeckt sind. Pikes Peak ist von jedem Aussichtspunkt der Stadt deutlich zu sehen. Es ist ein ruhiger Ort; er wird jedoch jede Woche größer.

Jeden Samstag fahren Bill und ich zu einem anheimelnden kleinen Restaurant mit dem Namen *Godmother's Kitchen*. Die Besitzer, Helen und Elmer, sind zwei der nettesten Leute, die man sich überhaupt vorstellen kann. Sie sind so entgegenkommend, mich ein paarmal die Woche an einem der Ecktische sitzen und an meinen Aufzeichnungen arbeiten zu lassen. Eines strahlenden Sommermorgens, das Restaurant platzte vor Touristen aus allen Nähten, begann Bill darüber zu reden, wie gut ihm Elmers Pfannkuchen schmeckten. «Nirgendwo im Ort tischen sie ein Frühstück auf, das sich mit Elmers vergleichen kann», sagte er. Das brachte mich dazu, an No-Eyes zu denken. Ich fragte mich, was für Zutaten sie wohl für ihr Omelett bestellt haben würde, wenn sie bei uns wäre. Dann beschrieb ich Bill die ungewöhnliche Vorratshaltung meiner alten Freundin. Er lauschte mit aufmerksamem Interesse, als ich ihm erzählte, wie ich ihre ungewöhnliche Speisekammer kennengelernt habe.

An einem besonders klaren Sommertag besuchte ich No-Eyes in ihrer Hütte. Die stämmigen Bäume rund um meinen Parkplatz lachten vor Freude darüber, daß die Sonne ihre hohen Zweige kitzelte. Die Kohlmeisen zwitscherten fröhlich, und die Eichhörnchen waren völlig von einem intensiven Fangspiel gefesselt. All die Waldgeschöpfe empfanden ungewöhnliche Freude über diesen schönen milden Bergmorgen. Mein Herz sang vor Glück, als ich mich ihrer Tür näherte und in die kühle Dunkelheit hineintrat.

«Hat Summer gegessen?» fragte sie aus ihrer Küche.

«Oh, ja, ich hab schon gefrühstückt. Aber trotzdem vielen Dank.»

Sie nickte und hantierte weiter an ihrem Vorratsschrank herum.

Keiner sprach.

Ich machte es mir auf dem Sofa gemütlich und versuchte geduldig, auf den Beginn unseres Tages zu warten. Es war extrem schwierig für mich, Geduld zu haben, wenn ich bei No-Eyes war. Dennoch wartete ich schweigend und unterzog währenddessen ihre bescheidene Hütte einer gründlichen Begutachtung.

Die Hütte bestand größtenteils aus einem Hauptzimmer. Der Stolz des Wohnbereiches war ein vielgenutzter Kamin aus Moossteinen; der wackelige Schaukelstuhl, ein zerschlissener Polsterstuhl, ein alter Tisch mit einem Radio und ein Sofa aus dem 1. Weltkrieg stellten die Einrichtung dar. Der Küchenbereich war durch einen taillenhohen hölzernen Raumteiler abgetrennt. Ein kleiner Tisch mit zwei Stühlen und der Holzofen nahmen den gesamten Raum der Küche ein. Was mich wirklich erstaunte, waren die zahllosen Schränke. Sie gingen an drei Wänden von der Decke bis zum Boden; der Spülstein war hinter der Abtrennung zum Wohnzimmer angebracht. Eine natürliche Quelle versorgte den Brunnen der alten Frau mit so viel gesundem Bergwasser, wie sie brauchte. Am anderen Ende des Wohnraums teilte ein Vorhang ein Badezimmer ab.

Offensichtlich saß ich jetzt auf No-Eyes' Bett. Die Wände der Hütte waren ein schmuddeliges Braunschwarz, die auf ein paar schlecht gezündete Feuer hinwiesen. Doch so klein die Hütte war, und so sparsam sie auch möbliert war, war sie mir doch schnell ein behagliches zweites Zuhause geworden. Und zwar durch die Anwesenheit der alten Frau.

Während ich da saß und darauf wartete, daß sie ihr Frühstück beendete, machte ich mir plötzlich Sorgen, ob sie genug zu essen hätte. Jedenfalls war sie immer voll kindhafter Energie, und sie sah immer wohl und gesund aus. Ich wandte meine Aufmerksamkeit wieder der kahlen Küche zu und stellte enttäuscht ihre Mängel fest. Es fehlte jede handelsübliche Nahrung. Meine Sorge nahm zu, als ich merkte, daß sie nicht einmal einen Kühlschrank besaß. Dann kam ich zu dem logischen Schluß, daß die Nachbarn ihr Essen brachten.

«Nee.»

Ich wurde durch eine einzige Silbe, gut getarnt von den gedämpften Kaugeräuschen ihrer Gaumen auf Getreide, aus meinen konzentrierten Gedanken gerissen.

«Hast du etwas gesagt, No-Eyes?» fragte ich schüchtern, da ich nicht sicher war, ob ich richtig gehört hatte.

«Ja.»

Da die alte Frau sich nicht die Mühe machte zu wiederholen, was sie gerade gesagt hatte, blieb mir nur, im Geiste zurückzuverfolgen, was sich zwischen uns ereignet hatte. Nach einem schnellen Rückblick merkte ich, daß sie meine Gedanken darüber, daß die Nachbarn ihr Essen brachten, gelesen hatte. Schweigend überdachte ich ihre Antwort. Wenn die Nachbarn kein Essen brachten und sie keine Lebensmittel holen ging, wo bekam sie sie dann her?

Ohne ihren wohlbemessenen Löffel-in-den-Mund-Takt zu unterbrechen, antwortete sie: «Überall.»

Ich war wieder verwirrt. Ich gab auf und wartete darauf, daß sie ihre leere Schüssel in den Spülstein stellen und sich zu mir ins Wohnzimmer gesellen würde.

Das tat sie nicht. Statt dessen gab sie mir mit einer Bewegung zu verstehen, ich solle in die Küche kommen. «Ich brauche kein Essen aus dem Laden. Es ist schlecht für den Körper.»

«Aber No-Eyes, was ißt du denn?»

«Summer denkt heute nicht! Ist Summers Gehirn im Streik?»

«Was soll ich denken, wenn dir niemand Lebensmittel bringt und du auch keine holen gehst?»

«Wer sagt, daß ich keine holen gehe, he, Summer, wer?»

«Das hast du gesagt!»

Auf geht's wieder zu einem unserer Karussell-Gespräche.

«Habe ich nicht», sagte sie streng.

Als ich im Geiste noch einmal die letzten Unterhaltungen wiederholt hatte, kam ich zu dem vernichtenden Ergebnis, daß sie recht hatte, wie üblich.

«Also gut, du gehst raus, aber du gehst gewiß nicht zum Supermarkt», gestand ich ein.

«Pah!» war ihre einzige Antwort, als sie sich zu ihren acht Fuß hohen Schränken umdrehte und die Türen nacheinander aufknallte. Ein wahres Lagerhaus voller Nahrungsmittel starrte mich an, als ob es sagen wollte: «Siehst du, Knallkopf!»

Ich muß auch ziemlich blöde ausgesehen haben, denn ich stand da mit offenem Mund, vollkommen verblüfft.

«Die Berge sind mein Supermarkt», konstatierte sie stolz.

Hinter den einfachen Schranktüren waren Steingefäße, gummiverschlossene Fläschchen, verkorkte Flaschen, kleine und große Schachteln, Blechdosen und Vier-Liter-Krüge, gefüllt mit allen möglichen Samen, Schoten, Blättern und Stielen, Blumenblüten, Pulvern, Nüssen und Beeren. Sie hatte da ausreichend Vorräte, um die gesamte Infanterie von Fort Carson zu ernähren.

Sie grinste mit berechtigter Zufriedenheit.

Ich war völlig überrascht. Das mußte ich näher betrachten. Behutsam näherte ich mich den vollgepackten Fächern und las die dick geschriebenen Aufschriften. Offenbar konnte sie sie wie Blindenschrift lesen. Ich kniff die Augen zusammen, um ihr blindes Gekritzel zu entziffern, und entdeckte, daß sie alles in ordentlichen Kategorien zusammengestellt hatte. Ich forschte weiter, während sie stolz daneben stand. Zuerst kamen die Getreide. Große Steinkrüge enthielten gemahlene Samen und Wurzeln. Die Aufschriften hießen: Hirtentaschen-Mehl, Sonnenblumen, Salbei, Katzenschwanz, Amarant-Mehl, Garben-Mehl, Portulak-Mehl.

«Daraus kann man schmackhaftes Brot machen», stellte sie fest.

«Daraus kann man Brot machen?» fragte ich aufgeregt.

«Allerdings!»

Ich untersuchte die nächste Gruppe auf ihren Fächern. Es war eine Mischung von Steinkrügen und Schachteln. Diese Gruppe schien die größte zu sein. Es waren Gemüse mit den Aufschriften: Milchstern-Schoten und -Samen, Wilde Pilze, Yampa-Wurzeln, Wilde Zwiebel, Löwenzahn, Grammagras, Berg-Platterbsen, Portulakgrün, Amarantgrün, Wegerichgrün, Berg-Sauerklee, Brotwurzel und viele andere.

Ich war einfach verblüfft über die große Vielfalt dieser Gemüsearten. Sie hatte mehr Auswahl als ich im größten Supermarkt, und das sagte ich ihr auch. «Dies ist erstaunlich! So viele Sorten Gemüse werden im Laden nicht angeboten!»

Ihr Grinsen strahlte Freude aus.

Die nächste Kategorie schien aus Obst und Marmeladen zu bestehen. Ich las mit zunehmendem Interesse: Hagebuttenmarmelade, Wacholdermarmelade, Berg-Blaubeeren, Rote Stachelbeeren, Aromatische Immergrünmarmelade, Wilde Himbeermarmelade und Elzbeerenmarmelade.

Begierig folgte ich der Reihe der Behältnisse zu kleinen Schachteln, die Gewürze enthielten wie wilden Meerrettich, wilde Pilze, Zwiebel und Senf, Huflattich, Anis und wilde Petersilie.

Die letzte Gruppe von Lebensmitteln bestand aus einer unendlichen Vielfalt von Teesorten. Einige waren in pulverisierter Form in den gummiverschlossenen Gläsern, während andere in den Vier-Liter-Krügen schon fertig angerichtet waren. Da waren unter anderem Kiefernnadelntee, Hagebuttentee, Feuerkrauttee, Löwenzahnkaffee, ein Grammagrasgetränk, Gewürzbuschtee, Wacholdertee, Immergrüntee, Baldriantee, Wallwurzpulver und Veilchenblattpulver.

Das Ausmaß der Nahrungsvorräte der alten Frau war unglaublich. Ich öffnete einen der großen Teekrüge und flog fast rückwärts gegen den Spülstein. Der Gestank war beißend und widerlich.

«Das ist Baldrian», kicherte No-Eyes.

«Das ist scheußlich!» neckte ich zurück.

«Es riecht schlecht. Es ist gute Medizin für schlechte Tage. Summer kann sie versuchen.»

«Danke. Ich habe einen guten Tag. Ich werde es ein andermal probieren.» Ich antwortete schnell, während ich das übelriechende

Beruhigungsmittel auf seinen leeren Platz im Fach zurückstellte.

No-Eyes schüttelte den Kopf. «Summer sollte nicht nach der Nase urteilen. Summer hat schon die klebrige Lektion vergessen.»

Die alte Frau bezog sich auf einen gemeinsamen Spaziergang in der vergangenen Woche. Sie versuchte, mich mit den örtlichen Wildblumen vertraut zu machen, während wir einen dicken Strauß für ihren Tisch pflückten. Ich hatte eine Stelle mit hohen, spitzen Blumen erspäht. Ihre lila Blüten waren wunderschön, und ich dachte, ihr Duft sei ungewöhnlich stark. Ich beugte mich herab und versuchte, mit jeder Hand ein paar Büschel zu entwurzeln.

No-Eyes schlug mit schallendem Gelächter auf ihre knochigen Knie.

Mir war nicht nach Lachen zumute, als ich meine Hände von diesen wunderbaren Blumen wegnahm, und sie eine einzige klebrige, schmierige Schweinerei waren.

Das ist der ‹klebrige Skorpion›. Es ist Unkraut!» sagte sie durch ihr kackelndes Gelächter hindurch und hielt sich mit ihren dünnen Fingern die Nase zu. «Es stinkt!»

«Vielen Dank für die faire Warnung», antwortete ich und versuchte herauszufinden, was ich mit der Schweinerei an meinen Händen machen sollte. Ich wußte, daß sie jeden grünen Halm in diesem Tal einfach durch ihren scharfen Geruchssinn unterscheiden konnte. Sie wußte, daß ich dabei war, diese lila Stengel anzufassen, aber sie hatte keinen Versuch gemacht, mich zu warnen. Ihre Lektionen brachten mich manchmal in einen ziemlich verdreckten Zustand. Das irritierte mich.

No-Eyes sagte, ich hätte gerade eine wichtige Berglektion gelernt. Ich solle nichts einfach nach Erscheinen oder Geruch beurteilen. Sie sagte mir, daß ich, wenn ich einen Moment länger gewartet hätte, statt instinktiv zu grabschen, all die Ameisen gesehen hätte, die an den Stielen der Pflanzen hingen.

Und das war die ruhmlose «klebrige» Lektion, auf die sie anspielte, als ich den Baldrian-Sud ablehnte.

Die alte Frau ging auf den letzten der drei Schränke zu.

«Sieh her, Summer.»

Ich war völlig platt, als ich den breitgefächerten Inhalt des letzten

Schrankes sah. Er war wahrscheinlich wertvoller als alle anderen Zutaten, die ich bis jetzt angeschaut hatte. Dieser Schrank enthielt Tinkturen und Tränke, Einreibemittel und Salben, Auflagen und Pasten, Öle, Rinden, Puder und Extrakte. Dies war ihr Schrank für «Große Medizin». Es war eine richtige Apotheke voller Präparate. Wieder waren die Flaschen und Gläser beschriftet: Ampfer, Arnika, Baldrian, Blaubeere, Bovist, Brennessel, Eichenrinde, Engelwurz, Fieberkraut, Goldrute, Hirtentasche, Immergrün, Kiefernnadel, Klee, Klette, Mandel, Myrrhe, Pfefferminz, Portulak, Salbei, Sauerklee, Schafgarbe, Senfsamen, Vogelmiere, Wacholder, Wallwurz, Zichorie.

«Heilen alles», informierte sie mich.

«Wirklich?» Ich konnte meinen Augen und der Behauptung kaum glauben.

No-Eyes spürte vielleicht meine Zweifel. Sie zog ein Fläschchen aus dem Fach und hielt es mir hin, daß ich es nehmen sollte. Es war Pfefferminzöl.

«Reibe das auf den Rücken deines Mannes», ordnete sie an. Sie wollte mir damit sagen, daß ich es für Bills schlechten Rücken benutzen sollte. Sie erteilte mir eine Lektion in Glaubwürdigkeit.

Verschämt tat ich es in meine Handtasche. Später würde ich es auf seinem eingeklemmten Nerv einmassieren.

«Wenn Summer überzeugt ist, wird sie gut Medizin lernen.»

«Das würde ich gern, No-Eyes. Glaubst du wirklich, daß ich es könnte? Es muß lange gedauert haben, bis du all das, was du über diese Kräuter weißt, gelernt hattest», sagte ich, immer noch auf die enormen Vorräte in ihrem Medizinschrank schauend.

«Was ist Zeit? Zeit ist nur im Kopf.»

«Na gut, ich weiß. Ich kann alles lernen, wenn ich es wirklich will.»

Sie nickte langsam.

Mir fielen einige ungewöhnlich bezeichnete Behältnisse auf, und ich streckte die Hand nach einem davon aus. Die alte Frau schlug mir auf die Finger. «Du bist wie ein Baby in der Nähe des Feuers.»

Ich zog sofort meine Hand zurück, und sie erklärte mir den letzten Teil der Behältnisse. Sie waren nicht so bezeichnet wie die anderen; sie erkannte jedoch jedes an seinem Standort und besonderen Geruch. Die Alte hob jedes einzeln hoch und sagte, was darin war. Es waren alles tödliche Gifte. Einige führten zu Herzversagen, andere zu Lungenversagen, Krämpfen oder Ersticken.

No-Eyes stellte vorsichtig die letzte Flasche in ihr Fach zurück. Meine Gedanken waren in Aufruhr. Wozu braucht sie alle diese furchtbaren Gifte? Was um alles in der Welt könnte eine alte Frau mit tödlichen Pflanzen treiben?

Sie richtete ihre blinden Augen zu mir auf und schloß vorsichtig die Schranktüren. «Eine Medizinfrau taugt nichts, wenn sie nicht einen vollständigen Vorrat hat.»

Das beantwortete noch nicht meine innere Frage.

Sie wußte das und erklärte, daß eine moderne Apotheke jede Art von Droge für jede vorstellbare Krankheit vorrätig hält. Einige dieser Drogen können bei falschem Gebrauch tödlich sein. Eine Apotheke hält sogar Gifte vorrätig. Die alte Frau gab überzeugende Beispiele dafür, daß es gelegentlich nötig ist, ein todkrankes Tier von seinem Elend zu erlösen. Es gab viele andere Anwendungen für die tödlichen Gifte, als jemand umzubringen. Sie sagte, daß mein konditioniertes Denken meinen unbegründeten Verdacht erschaffen hatte. Sie hatte recht, wieder einmal.

Den Rest des Tages verbrachten wir mit einem grundlegenden Einführungskurs in die natürlichen Gaben von Mutter Erde. Sie zeigte mir, daß diese die Menschen großzügig mit allem versorgt hat, was sie brauchen, um gut zu essen und gesund zu bleiben. Sie sagte, daß die meisten handelsüblichen Lebensmittel schlecht für den menschlichen Körper seien. Rind und alle roten Fleischarten hielten auf ihrer Liste verbotener Nahrungsmittel den ersten Platz.

Sie sagte, sie seien voller Krebs. Lamm, Wild, Fisch, Kalb und Büffel waren in Ordnung, wenn man wirklich Tierfleisch essen mußte. No-Eyes konnte die Notwendigkeit, Tiere zu töten, nicht verstehen, wo doch alle Nährstoffe für den Menschen einfach aus den Vorräten in ihrer Küche bezogen werden konnten. Sie sagte, daß eine Handvoll Sonnenblumenkerne mehr Proteine enthält als ein Steak. Sie betonte wieder und wieder, daß der Große Geist uns für alle unsere Bedürfnisse die Früchte des Landes gegeben habe. Sie sagte, das Land sei der Eßtisch und der Medizinschrank des Menschen.

Als ich meinen Bericht über die Nahrungs- und Medizinvorräte der alten Frau beendet hatte, war Bill ziemlich beeindruckt. Wir waren überzeugt davon, daß es für mich sehr vorteilhaft sein würde, soviel wie möglich von ihr zu lernen. Ich versuche es.

Die Visionssuche

Möge dein Geist ewig funkeln wie ein Stern,
dein Herz so rein bleiben wie frisch gefallener Schnee
und deine Seele ewig das Staunen eines Kindes spüren.

Es war im Hochsommer. Seit einigen Wochen wurde mein Geist rastlos und unzufrieden – so als wüßte man, daß man etwas tun müßte, aber nicht weiß, was. Auch in meinen alltäglichen Gedanken schien ein ständig nagender Eindringling vorhanden zu sein. Manchmal drang er bis in den Vordergrund meines Denkens vor. Meistens jedoch lauerte sein drohender Schatten hinter den Türen und in den Winkeln meines Geistes.

Es war für mich die Ursache einer andauernden Irritation, seine unnachgiebige Beharrlichkeit ein anhaltendes Ärgernis. Ich konnte mich nicht konzentrieren. Ich konnte nicht mit der Aufmerksamkeit eines klaren Kopfes kommunizieren, ohne daß diese unbekannte Wesenheit meine Aufmerksamkeit abzog. Es mußte was geschehen. Irgend etwas mußte heraus. Ich ahnte, was das war; ich hatte es hoffnungslos vor mir hergeschoben.

Seit Monaten besuche ich jetzt No-Eyes. Seit Monaten lehrt sie mich die komplexen Wahrheiten über die kniffligen Feinheiten des Lebens. Ich habe ihren schwierigen Ausführungen über die heiligen Flüge der Seele zugehört, und ich habe mich stark darauf konzentriert, die nötige Kontrolle zu erreichen, um mich auf diesen Seelenflügen in andere Dimensionen von Wirklichkeit zu ihr zu gesellen. Ich habe ihre Kräuterrezepte studiert. Ich habe sie auf endlose, aber vergnügliche Sammelausflüge begleitet, bei denen ich das Erkennen und die praktische, medizinische oder Nahrungsanwendung einer jeden wilden Pflanze lernte. Ich habe in schweigendem Respekt gesessen, wenn sie die Identität und Aufgaben der Naturgeister enthüllte. Gemeinsam sind wir auf den Winden in ferne Welten gereist. Sie hat mich gelehrt, meine Sinne ohne die Schwere der Begrenzungen des physischen Körpers zu nutzen. Mit der geduldigen Hilfe von No-Eyes habe ich nach der Sonne gegriffen und sie berührt. Dennoch fehlte, bei allem gebotenen Respekt für das, was ich gelernt hatte, immer noch etwas. Meine Seele war ruhelos. Mein Geist wurde von dem Gespenst von etwas bisher Ungeschehenem heimgesucht.

Ich konnte nicht ausmachen, was dieses Etwas, das ich noch tun mußte, war. Ich konnte es nicht genau identifizieren. Das beunruhigte mich sehr. Schließlich hielt ich es nicht länger aus und machte Pläne, mich für ein paar Tage in die Berge abzusetzen. Ich brauchte völlige Trennung von allen, um mit der Kraft umzugehen, die mich so unnachsichtig verfolgte. Ich mußte sie herauslocken, um mich ihr von Angesicht zu Angesicht stellen zu können. Ich hatte die unerfreuliche Vorstellung, daß dieses hartnäckige Gespenst meine geheimen Zweifel waren, Zweifel, die meine von No-Eyes enthüllte Zukunft betrafen. Ich wollte eine Zukunft, wie sie sie so lebhaft ausgemalt hatte, nicht. Ich wollte sie mit meinem eigenen Entwurf auslöschen. Sie mit meiner eigenen Farbwahl übermalen. Ich barg oder schuf eine Entschlossenheit, sie unwahr zu machen. Die einzige Möglichkeit, diese kämpfenden, geistigen Kräfte zu beruhigen, war, mich vollkommen vom Physischen loszulösen. Ich wollte keine Menschen, kein Essen, keine Unterbrechungen: Ich brauchte positive Beweise für meine Lebensaufgabe. Ich mußte aufhören, mich auf die Worte von No-Eyes zu verlassen, und beginnen, meine eigenen Antworten zu suchen. Ich war auf der Suche nach einer Vision.

Bill nahm sich ein paar Tage frei, um für die Mädchen zu sorgen. Ich küßte sie alle zum Abschied und ging los, nur mit einem Rucksack auf dem Rücken. Ich brauchte nicht viel, nur eine Decke oder zwei für mein Bett und eine kleinkalibrige Waffe für den Fall, daß irgendein wildes Tier auf die Idee käme, ich sei eine schmackhafte Mahlzeit. Dazu verschiedene Kleinigkeiten wie Streichhölzer und Verbandszeug. Aufgeregt begleiteten sie mich bis an den Rand unserer Wiese und beobachteten, wie ich als kleiner Fleck auf dem Berghang verschwand.

Ich trat durch die Tür zu meiner ersten Visionssuche. Ich wußte nicht, was ich erwarten sollte. Ich wußte aber, daß ich bleiben würde, bis das Gespenst des Zweifels in meinem Geist besiegt worden war. Ich hatte keine Angst. Die Erfahrungen, mit No-Eyes alle möglichen unbekannten Situationen durchlebt und in fremden Welten gewesen zu sein, hatten meine Ängste vor dem Physischen schon vor langem beseitigt. In dem Wissen, daß meine Familie gut aufgehoben war, wandte ich meine volle Aufmerksamkeit der momentanen Aufgabe zu und begann, die Rocky Mountains in ihrer eigenen Weise auf meine Sinne wirken zu lassen. Ich wurde ein lebender Computer, nahm jedes winzige Stück wundersamer Information um mich herum auf. Meine physische Aufnahmefähigkeit machte Überstunden. Ich mußte das erfassen, kontrollieren, sonst würde ich sicher wegen Sinnesüberlastung explodieren. Es war herrlich. Natürlich war mein letztendliches Ziel unser verstecktes Tal. Gibt es einen natürlicheren Platz für eine Visionssuche als einen heiligen Grund? Ich verließ die feuchte und wärmende Wiese, um in einen Wald von Colorado-Blaufichten einzutreten. Die silberblauen Nadeln schwankten in der süßen Brise auf und ab. Sie schienen zu nicken und miteinander zu flüstern.

Nach kurzer Zeit verließ ich die hochaufragenden Weihnachtsbäume und setzte meinen Fuß auf den gewundenen Pfad, der mich durch die Schlucht zwischen den Bergen und in mein Land des Gestern bringen würde. Ich ging bis zur ersten Biegung vor und drehte mich dann um, um auf unsere Wiese weit unter mir zu schauen. Alles sah aus wie kleine bewegliche Flecken auf einem grünen Samtteppich. Unser Nachbar hatte seine Pferde freigelassen, und sie sprangen jetzt zwischen den wilden Hyazinthen und der Schafgarbe herum. Unsere Hütte konnte ich von meinem hohen Aussichtspunkt nicht sehen, denn sie lag geschützt hinter einem der vielen Hügel des Tales. Noch konnte ich das aufgeregte Rufen und Juchzen meiner Mädchen hören, von denen ich wußte, daß sie mittlerweile nackt in dem kalten Bachwasser badeten. Ich murmelte einen liebevollen Abschied an unser heimeliges Tal und nahm die Biegung in Richtung auf eine andere Art von Zuhause.

Der schmale Kammpfad ging steil aufwärts. Meine Beine wurden müde, und ich war hungrig. Ich hatte das Haus ohne Frühstück verlassen, und mein Bauch erinnerte mich lebhaft daran. Ich mißachtete sein Knurren und konzentrierte meine Aufmerksamkeit auf die Umgebung.

Auf dem Kamm wuchs buchstäblich nichts Grünes. Gewöhnlich sieht man Bäume, die wie durch ein Wunder aus dem abfallenden Fels der Berghänge sprießen. Doch hier war es ungewöhnlich kahl. An ein paar verstreuten Stellen krochen Polstergewächse an Felsspalten entlang; ansonsten gab es nichts als trockene und steinige Erde. Die gezackten Granitflächen glitzerten im morgendlichen Sonnenlicht und zeichneten funkelnde Quarzstrahlen und Schwefelvenen. Der Pfad selbst reflektierte von spiegelähnlichen Glimmerplättchen.

Meine Beine schmerzten, und ich war erleichtert, den Gipfel meines Weges erreicht zu haben. Von nun an würde es nur noch bergab gehen, aber das Laufen würde nicht viel einfacher sein.

Schließlich war die letzte Biegung genommen, und mein Herz trommelte wie ein Dutzend Stämme bei einer Kriegszeremonie. Die versteckte Sonne hatte gerade eine hochgetürmte Wolke durchbrochen und überflutete das Tal mit der Leuchtkraft von tausend Jupiterlampen. Es war nichts Mystisches daran, es war die schiere physische Schönheit. Und ich stand da und wurde eins mit ihr.

Mein Einssein wurde von dem zirkelnden Gleiten des örtlichen Wanderfalken scharf durchschnitten. Alles bewußte Denken war ausgeblendet, als ich den freien Flug des prachtvollen Vogels beobachtete. Anmutig schwebte er durch die duftende Luft des Tales hin und her. Ich erfuhr seine Gewichtlosigkeit und fühlte, wie die schnelle Brise mein Haar hinter mich warf. Ich flog mit dem Falken, und meine Seele war frei. Ich wußte, wie es war, im Himmel zu hängen, den Luftstoß durch offene Nasenlöcher zu spüren, zu gleiten und hinabzutauchen und wieder hinaufzugleiten. Die Bergspitzen waren leicht zu überfliegen, und es verschlug mir den Atem, als die Erdoberfläche plötzlich abfiel und wir über ausgedehnten Flächen schwankten und in die Schräglage gingen. Der Falke erspähte ein pelziges Opfer. Mit unglaublicher Geschwindigkeit stieß er in Richtung des dunklen Waldes hinab.

Der große Vogel war in den Wäldern verschwunden. Ich wurde an dem hohen Saum des Koniferenwaldes im Tal stehengelassen. Ich hatte geistig von Beobachten zu Denken umgeschaltet. Und ich fand mich nicht auf dem trockenen Kammpfad wieder, auf dem ich zuerst den Falken gesehen hatte, sondern am Rand einer Wiese unten im Tal. Ich war wirklich da. Zehn Meter vor mir tanzte der schnellfließende Bach. Ich sah zu dem Kammpfad hinauf, auf dem ich zuletzt einen bewußten Gedanken gehabt hatte. Ich grübelte über den seltsamen Weg meiner unbewußten Reise.

No-Eyes hatte mich glauben gemacht, daß ich viele unglaubliche Beförderungen gemacht hatte. Ich hatte immer leise Zweifel an solchen mystischen Reisen behalten. Ich rechnete sie ihren erstaunlichen spirituellen Fähigkeiten an. Sie hatte eine Art, einem in den Kopf zu gelangen und alle möglichen Eindrücke zu hinterlassen. Ich bin nicht jemand, der leicht zu überzeugen ist, nur weil ich möchte, daß es so ist. Ich verlange Beweise. In gewisser Weise war ich selbst eine Skeptikerin. Doch dieses neue Phänomen verblüffte mich vollkommen. In einem Augenblick war ich oben auf dem Kamm, und im nächsten Moment war ich unten im fruchtbaren Tal. Natürlich sehe ich, daß ich so intensiv in den Flug des Falken vertieft gewesen sein könnte, daß ich ihm meinen ganzen Abstieg auf dem Pfad lang zugeschaut hätte. Ich erinnere mich jedoch nicht daran, daß ich darauf achtete, wo ich langging. Und dieser gefährliche Pfad verlangt bei jedem Schritt sorgfältige Aufmerksamkeit. Wenn ich nur einmal darauf geachtet hätte, wie ich meinen Fuß setzen sollte, wäre meine Beobachtung des Vogels völlig abgerissen. Ich habe keinen solchen Riß beobachtet. Sein Flug war eine fortdauernde Reise. Und die alte Chippewa war nirgendwo in der Nähe, um diese Geschehnisse in meinem Kopf zu plazieren. Diesmal nicht.

Ich schüttelte die verwirrende Erfahrung aus meinen Gedanken und sortierte meine Ausrüstung. Ich verbrachte mehrere Stunden damit, sorgfältig mein einfaches, aber ausreichendes Halbzelt zu errichten. Nachdem ich meine Arbeit begutachtet und beschlossen hatte, daß sie wirklich zufriedenstellend war, ging ich an den Bach, um mich zu erfrischen. Das Hungerknurren war beharrlich, aber nicht so laut wie zuvor. Der einzige Mensch in dem Tal zu sein und zu wissen, daß kein anderer Mensch mich sehen konnte, gab mir das Gefühl vollkommenen Alleinseins. Nicht einer einsamen Art von Alleinsein, sondern völlige Einsamkeit. Mit dieser beruhigenden Einsamkeit im Kopf warf ich meine Hemmungen ab und legte mich in den Strudel des Bachs. Ich kicherte über den Anblick meines Kleiderhaufens oben bei den Wildblumen. Nirgendwo würde ich mich trauen, so etwas zu tun, außer an meinem geheimen Platz in unserem eigenen Tal – und hier. Gewöhnlich gab es immer die Möglichkeit, daß jemand einen sah: Wanderer, Reiter, kundschaftende Touristen, spazierengehende Nachbarn. Ich war ganz gewiß keine Nudistin und mit Sicherheit keine Exhibitionistin, aber die Heiterkeit, die daraus stammt, in einer natürlichen und unschuldigen Umgebung nur mit der Haut bedeckt zu sein, die der Große Geist einem gegeben hat, ist eine seltene Gelegenheit, wirkliche Einheit mit der Natur zu erfahren.

Die Sonne stand im Mittag. Die sanfte Brise war nur noch ein Hauch. Die duftgetränkte Luft schwappte in trägen Wellen um mich herum, und mein Körper war in einem natürlichen Whirlpool kühlenden Bergwassers vollkommen entspannt. Ich wußte, daß ich langsam taub wurde, aber es machte mir nichts. Ich war vollkommen entspannt und erfrischt. Ich grub meine Zehen tief in den Sandboden und schaute zu, wie die Wellen das Sonnenlicht in zitternden Mandalas auf meinem ganzen Körper reflektierten. Die Widerspiegelungen wanden und veränderten sich wie in einem facettenreichen Kinderkaleidoskop. Es hatte einen mesmerisierenden Effekt, und ich wollte nicht hypnotisiert werden, während ich in dem eiskalten Bach lag. Ich kroch auf das weiche Gras der Wiese hinaus und streckte mich der warmen Sonne entgegen. Nun konnte ich leicht in den bräunenden Strahlen der Mittagswärme ausruhen und ein bißchen schlafen.

Die natürlichen Geräusche des Waldes fügten sich angenehm mit dem andauernden Plätschern des Baches zusammen, um ein vollkommen harmonisches Wiegenlied zu erschaffen. Ich schlief schnell in den beschützenden Armen von Mutter Erde ein.

Sofort erlaubte ich meiner Seele, ihre seidigen Flügel zu entfalten. Ich war im Fluge. Ich war frei.

Die Landschaft fiel ab, während ich zurückschaute und mein ruhiger Körper kleiner und kleiner wurde. Ich hatte Frieden, sowohl in meinem Körper wie in meiner Seele. Ich glitt hinauf zu den scharf gezackten Gipfeln der Berge. Ich erwischte die Aufwärtsströmungen und trieb mühelos auf den Winden der Zeit. Ich drehte ab und tauchte furchtlos in fremde Täler hinab. Ich hielt mitten in der Luft an, um über phantastischen Aussichten zu verweilen. Ich trank durstig von der Fülle der Naturschönheiten. Ihr Nektar war vollkommen befriedigend. Meine Seele umkreiste ganze Berghänge und besuchte auch mein eigenes Heimattal. Meine drei Mädchen waren noch an unserem Bach und kletterten über verlassene Biberdämme, ihre beliebtesten Phantasieschlösser. Ich verließ sie und glitt weiter. Diese unglaubliche Freiheit sollte nie enden. Ich war ein Falke. Ich war reine Seele. Ich zitterte, als eine massige Front dunkler Wolken die warme Sonne bedeckte und meinen nackten Körper kühlte. Ich erwachte ganz plötzlich und sammelte meine Kleider zusammen. Auch wenn mein Traum zu einem abrupten Ende gebracht worden war, fand ich Freude an seiner Schönheit und seinem bleibenden Gefühl von Freiheit. Ich war froh zu wissen, daß es meinen Kindern gut ging, und ich stellte mir jetzt vor, daß sie im Angesicht eines kommenden Sturms nach Hause rannten. Es waren Bergkinder, aber kein Kind möchte bei einem drohenden Gewitter draußen sein.

Das Halbzelt war so gebaut, daß ein Feuer am Wiesenrand auf die Zweige hinter mir reflektieren konnte. Ich kümmerte mich noch nicht um ein Feuer, denn es war erst später Nachmittag, und obwohl die Wolkendecke schwer war, war es noch angenehm warm im Tal. Ich haßte es, gutes Holz zu verschwenden. Vielleicht würde ich das Feuer in der Dämmerung anmachen. Die Geister der Natur überboten sich gegenseitig in schelmischem Zeitvertreib. Die Wolken verdunkelten sich unheilvoll und fielen in dem vergeblichen Versuch, als Führer der wilden Regenwolkenbande anerkannt zu werden, übereinander. Thor brüllte und ließ seine lautstarke Autorität als Echo zwischen den dunklen Kämmen hin und her rufen. Der Wind knallte seine kräftige Peitsche über die gebogenen Rücken der unterworfenen Espen und Weiden. Der Himmel verwandelte sein unheilvolles Kleid von staubigem Grau in einen bedrohlichen schwellenden Umhang von Ebenholz. Die Natur zeigte ihre dunkle Seite, und sie war prachtvoll in ihrer ganzen tosenden Schönheit.

Ich beobachtete sie.

Ich fühlte die intensive Kraft in dem blendenden Blitz, der seine Unterschrift auf die Himmelstafel setzte. Mein ganzer Körper hallte mit jedem tönenden Donnerschlag wider, und ich raste und wirbelte mit dem Wind, der auf seinem Weg über alles hinwegfegte. Ich erlebte eine unglaubliche Kraft. Ich spürte tödliche Mächte. Ich war die dunkle Seite der Natur. Doch mit dieser Macht und Kraft fühlte ich zugleich einen inneren Kern von Ruhe, eine Liebe.

Die scheinbar böswillige Macht erwies sich nur als Drohung. Der wilde Wind trug die schwarzen Wolken über irgendeinen anderen Bergkamm und ließ mein Tal in seinem friedlichen Nachstrom. Es war schnell in das natürliche Licht der Dämmerung getaucht. Ich entzündete ein Feuer.

Die launenhaften Flammen tanzten wild und leckten an der Dunkelheit um sie herum. Ich wickelte eine Wolldecke lose um meine Schultern und schaute dem Derwischtanz des Feuers zu. Ich brauchte eigentlich kein knisterndes Feuer, um mich zu wärmen, da die Sommernacht mild und der Himmel klar war, von einem freundlichen Vollmond erhellt.

Die Nacht war von einer üppigen nächtlichen Bevölkerung erfüllt. Wenn man genau hinhörte, konnte man ein wahres Stimmengewirr vernehmen. Die unterschiedlichen Sprachen waren so individuell und deutlich wie die jeweiligen Sprachen fremder Länder. Ein Marder schnatterte wild aus einem entfernten Baum. Irgendwo weit oben am Berghang schrie ein Puma seinen Sieg über ein unaufmerksames Opfer hinaus. Ein einsames Heulen war das typische Signal für ein auseinandergelaufenes Kojotenrudel. Das dichte Unterholz raschelte, als ein Pärchen gestreifter Stinktiere vorbeikam. Von irgendwo tief in den Koniferenwäldern hinter mir schrie humorvoll die Horneule. Mannigfaltiges Gezwitscher und Geplapper warnten vor einem Fremden in ihrer Mitte. Zweige knackten unter der Ruhelosigkeit der Eichhörnchen. Und weiter bachabwärts war das laute Klatschen der massigen Biberschwänze zu erkennen. Auch Vögel sandten ihre Abendrufe aus. Das Herumhuschen und Rascheln, das Suchen und Verstecken von Jäger und Gejagtem würde bis zur Morgendämmerung weitergehen.

Ich rollte mich in meiner Wolldecke zusammen und starrte hinauf in den vibrierenden Nachthimmel. Die Nachthimmel sind Gottes ursprünglicher Zeitmesser. Ich sah in das kristallene Gesicht dieses Zeitmessers und konnte mir gut die unsichtbaren Werke dahinter vorstellen. Wahre Größe hat die gutgeölten Getriebe erschaffen, die ganz, ganz langsam die strahlenden Zahnräder der menschlichen Zeit drehen. Sein riesiger Bildschirm bewegt sorgfältig Millionen von Bezugspunkten an genau ausgemessene Verbindungspunkte. Ich kann fast das Klicken hören, wenn jede Konstellation sich in die ihm zugeordnete Stellung einklinkt. Wenn man sich die Mühe macht, zu beobachten, kann man die winzige Drehung tatsächlich sehen. Der Bewegung des großen Zeitmessers zuzuschauen, muß so ähnlich sein, wie wenn die Astronauten tief aus dem Weltraum die langsame Drehung der Erde erblicken. Es ist in der Tat ein und dasselbe. Ich war vollkommen in die Unendlichkeit all dessen versunken.

Plötzlich kribbelte mir das Rückgrat, und meine Nackenhaare stellten sich auf. Irgend etwas war nicht in Ordnung. Im Gegenteil, etwas war völlig falsch. Ich spürte die vertrauten Warnungen vor einer ungebetenen geistigen Wesenheit. Mein erster Gedanke war, nach dem Gewehr an meiner Seite zu greifen. Eine schlichte materielle Waffe ist jedoch gegen eine psychische oder geistige Kraft machtlos. Ich erfror in meiner Stellung und zapfte meine geistigen Quellen an. Meine Abwehrkräfte waren bereits stark entwickelt, als ich zu meiner Rechten ein ungewöhnliches, schwaches Licht entdeckte. Es kam ungefähr aus der Richtung der Wälder.

Ich wußte, daß ich mich dem stellen mußte, was es auch immer war. Es schien nicht näher an mich heranzukommen. Es blieb einfach stehen, schaute. Aus meinen Poren drang Feuchtigkeit. Und langsam wandte ich meinen Kopf, um mich der Quelle der unbekannten Macht zu stellen.

Ich sprang hoch. Am Waldrand stand ein Mann. Ein Mann in

heller Kleidung. Er stand bewegungslos, eine Hand erhoben und zwei Finger gestreckt. Ich nahm dies als freundliches Friedenszeichen und bestätigte zitternd seinen Gruß mit einer ähnlichen Bewegung. Ich hörte auf zu schwitzen, und die hochgestellten Haare legten sich. Aber ich fühlte immer noch das unangenehme Prikkeln in meinem Rückgrat.

«Darf ich mich an deinem Feuer wärmen?» fragte eine sanfte Stimme.

Er sah nicht aus, als brauche er Wärme, und ich zögerte, immer noch sehr wachsam.

«Ich werde dir nichts tun», versicherte er. Das machte mich auch nicht besonders sicher.

«In Ordnung, dann setze ich mich einfach hierhin.» Er saß im Schneidersitz auf zusammengewehten Blättern und Kiefernnadeln. Sein Lächeln berührte mein Herz mit Wärme.

Wir saßen einige Minuten und starrten einander an. Ich wußte, daß er mir telepathische Botschaften schickte. Ich erhielt deutliche Gefühle von unglaublicher Liebe, unvorstellbarer Intelligenz und Größe. Ich nahm meinen beruhigten Verstand zusammen und fand meine zittrige Stimme wieder.

«Du kannst zu mir herkommen, wenn du magst», bot ich kraftlos an. In dem Versuch, mein Vertrauen zu stärken, blieb er sitzen.

«Ich kann die Wärme von hier aus spüren, vielen Dank.»

«Wer bist du? Wo bist du hergekommen? Ich dachte, ich wäre allein in diesem Tal», fragte ich vorsichtig. Es erschreckte mich tief, an meine ungehemmte Unternehmung im Bach früher am Tag zurückzudenken. Wie konnte es jemand wagen, in meinen privaten, heiligen Grund einzudringen?

Ruhig und systematisch beantwortete er meine ängstlichen Fragen.

«Ich bin ein Vollendeter. Ich komme von überall und, nein, du bist nie allein, nirgendwo.»

Dies war wie mit No-Eyes zu reden. Ich bekam Antworten, die nur mehr Fragen hervorriefen. Antworten, die keine Antworten waren. Ich merkte, daß dieses Wesen mir keinen physischen oder psychischen Schaden verursachen würde, und stieß wieder meinen üblichen Seufzer aus. Es diente dazu, mich zu entspannen, und mein Computer begann logisch zu kalkulieren. Ich ließ die bisherige magere Unterhaltung noch einmal durchlaufen und analysierte sie.

«Du bist ein erleuchtetes Wesen», prüfte ich.

Er nickte.

«Du kannst überall sein.»

Wieder eine zustimmende Bewegung.

«Und ich weiß bereits, daß ich nie wirklich allein bin.»

«Gut», flüsterte er.

«Bist du meine Vision?»

«Das mußt du allein entscheiden», stellte er ruhig fest.

Oh, großartig, als ob ich mit einem Psychologen redete. Fragen wurden immer mit anderen Fragen beantwortet. Ich versuchte weiter, eine Richtschnur in diesem Wirrwarr verbaler Wolle zu finden.

«Warum bist du hier?»

«Was glaubst du, warum ich hier bin?»

«Um mich etwas zu lehren.»

Er nickte wieder.

«Mich etwas zu lehren, das No-Eyes nicht...»

Er schüttelte den Kopf.

«Weiß No-Eyes, was du sagen wirst?»

Er nickte wieder.

«Warum hat *sie* es mir dann nicht gesagt?»

Er stand auf und bewegte sich näher an das Feuer. Er saß direkt in seinem Schein, sah jedoch dadurch nicht heller aus. Seine eigene Aura strahlte stärker als das Feuer.

«Denk nach.»

Ich dachte nach. Ich wollte meinen Grund dafür, daß ich auf meiner Visionssuche hierher gekommen war, nicht offenbaren. Ich wollte die stechenden Zweifel, derer ich mich schämte, nicht in Worte fassen. Dann überlegte ich, daß er mich, wenn er das war, was ich dachte, sicher klar und allzu deutlich lesen konnte. Ich wußte, daß es keinen praktischen Sinn hatte, irgend etwas vor diesem Mann zu verbergen.

«Weil ich ihre Worte anzweifeln würde.»

«Genau», bestätigte er.

«Habe ich gerechtfertigte Gründe für solche Zweifel?»

«Das mußt du selbst entscheiden.»

«Aber wie? Ich möchte alles glauben, was sie gesagt hat. Und das habe ich auch, bis sie anfing, über meine Zukunft zu reden. Ich bin nur ein gewöhnlicher Mensch.»

Der Mann streckte mir seine Hand hin.

«Nimm meine Hand. Laß mich dir etwas zeigen.»

Ich nahm seine warme Hand, und wir waren sofort in einem anderen Wald. Ich fühlte mich ziemlich wie der alte Scrooge in der Gewalt von Marley. Ich konnte erkennen, daß dieser Wald irgendwo nahe der Baumgrenze war, weil überall Mengen von schlanken Engelmannfichten wuchsen. Zu unserer Rechten war eine Art hohes, weißes Marmormonument. Es war vielleicht zehn Fuß hoch, und die Form war rechteckig. Es war ein großes, schweres Merkzeichen.

«Lies es», redete er mir zu.

Ich sah ihn an und verließ seine Seite, um den riesigen Stein näher zu untersuchen. Ich folgte mit den Fingern der Spur der tief eingemeißelten Buchstaben. Die Weiße Brüderschaft. Der Name war vage vertraut. No-Eyes hatte ihn nur einmal während unserer vielen Unterhaltungen erwähnt. Sie hatte sich nie weiter dazu geäußert, und ich hatte nie die Geistesgegenwart, sie weiter zu befragen. Ich wandte mich wieder dem Mann zu.

«Was heißt das?» wollte ich wissen.

«Komm, laß uns ein Stück laufen, meine Freundin.»

Er bedeutete mir, an seiner Seite zu gehen, aber er berührte mich nie. Ich hatte das deutliche Gefühl, daß ich keinen körperlichen Kontakt mit ihm haben sollte, außer, wenn der Anstoß von ihm kam.

«Die Weiße Brüderschaft ist eine Organisation von Geistwesen. Diese leben sowohl in der ätherischen wie in der physischen Realität. Kannst du mir folgen?» Nun war ich dran zu nicken.

«Diese Organisation wurde gebildet, um Gott beim Wiederaufrichten stolpernder Seelen zu helfen. Natürlich, meine Freundin, braucht Gott keine Assistenten; wir *wollen* ihm jedoch helfen, seine Seelen zurückzugewinnen. Die Organisation besteht aus vollendeten Wesen, die sich entschieden haben, zu bleiben, um zu führen und anzuleiten. Einige von ihnen nehmen freiwillig wieder physische Gestalten an und bringen der Welt großes Wissen und Erleuchtung. Sie haben lebensnotwendige irdische Missionen. Andere Mitglieder sind der Vollendung nahe und möchten ihren Kreis der Wiederkehr dadurch vollenden, daß sie denen auf der Erde helfen. Diese dienen auch als Führer und Helfer. Dann gibt es die erleuchteten Wesen, die menschliche Körper bewohnen, um den Massen die Wahrheit der Wirklichkeit zu bringen. Aus all diesen besteht die Weiße Brüderschaft. Wie du siehst, meine Freundin, ist es eine ungewöhnliche Organisation. Sie besteht aus der höchsten und reinsten From von Intelligenz.»

Ich überdachte alles, was ich gehört hatte.

«Aber was hat die Brüderschaft mit mir zu tun?»

«Habe ich gesagt, daß sie etwas mit dir zu tun hat?»

«Nein.»

«Jemand anders?»

«Nein.»

«Irgendwann einmal jemand anders?»

«Nein», antwortete ich zu hastig. No-Eyes hatte früher eine Brüderschaft der Berge erwähnt, die sich aus den örtlichen Bergbewohnern zusammensetzte, die sich gewisser Wahrheiten bewußt waren. Diese Glühbirne blinkte in meinem Gehirn, und ich war buchstäblich schockiert über die daraus ableitbaren Schlußfolgerungen. Es störte meine Andacht.

«Nun, dann hast du vielleicht recht», antwortete er und berührte sanft meine Hand.

Als das Licht der Morgendämmerung seinen Finger über den entfernten Bergkamm gleiten ließ, mußte ich die Augen zusammenkneifen. Ich wandte meinen Kopf ab, um dem langen Zeigefinger auszuweichen. Es war Morgen, und ich war hungrig und verwirrt. Die Vögel veranstalteten ein lautstarkes Konzert, während ich versuchte, die Ereignisse der Nacht zu ordnen. Ich erinnerte mich daran, von den Sternen und Planeten des Nachthimmels fasziniert gewesen zu sein. Ich erinnerte mich, daß das plötzliche Auftreten einer unbekannten Macht diese Faszination unterbrochen hatte. Genau an dem Punkt mußte ich eingeschlafen sein, und der

Mann war einfach eine Einbildung aus meiner Traumwelt. Ich hatte den Mann, unsere Reise, die Weiße Brüderschaft und all das erträumt. Und ich hatte Hunger. Das Lagerfeuer war erloschen, aber aus Gewohnheit trat ich mit dem Fuß etwas Erde darüber, nur um ganz sicher zu sein. Als ich die Feuerstelle umrundete, fiel mir eine flachgedrückte Stelle im Wiesengras auf. Genau dort, wo der Mann in meinem Traum gesessen hatte. Ich ging einige Schritte rückwärts in Richtung des Waldes und stieß auf eine weitere plattgedrückte Stelle. Mein Herz raste.

«Nein, das kann nicht sein», dachte ich vernünftig, «das gibt's nicht.»

Da ich kein Frühstück zubereiten mußte, lief ich für ein frühmorgendliches Bad direkt zum Bach. Alles deutete auf ein Paradebeispiel eines Sommertags in den Bergen hin. Die offensichtlichen Zeichen und sogar die versteckteren. Es würde klar sein und ungewöhnlich warm. Ich würde meinen Hunger dadurch ignorieren, daß ich die Schönheit meines geheimen Tals beobachtete. Ich war entschlossen, meinen Geist als glorreichen Sieger über die physischen Bedürfnisse meines Körpers hervortreten zu lassen. Das übliche Knurren war eine konditionierte Reaktion, die der Geist willentlich regulieren konnte. Der Geist mußte nicht von den kindischen Wünschen des Körperlichen versklavt werden. Es bedurfte einer einfachen Anpassung der Programmierung. Die wollte ich zunächst dadurch bewerkstelligen, daß ich die rücksichtslosen Wutanfälle meines Magens ignorierte.

Der Grasrand des Baches war noch feucht von Tau. Meine Füße baumelten im fließenden Wasser, während ich mich auf das nasse Gras zurücklegte, um dem Kommen und Gehen der gemächlich treibenden Wolken zuzuschauen. Es war ein amüsantes Kinderspiel. Ich versuchte, in den ständig wechselnden Wolkenformationen verschiedene Figuren zu entdecken. Dieser Zeitvertreib war denjenigen vorbehalten, die reich an Zeit waren. Ich hatte alle Zeit der Welt. Ein Pferd trieb vorbei und verwandelte sich schnell in einen Foxterrier. Die Verwandlungen rollten in einer trägen Prozession veränderlicher Charaktere vorbei. Eine Masse von Nichts trat in mein Blickfeld.

Ich sah ihr zu.

Nichts.

Ich wartete darauf, daß sich eine Formation aufbaute.

Nichts. Sie bewegte sich nicht einmal mehr. Der Wind mußte stark nachgelassen haben. Plötzlich erhob sich eine riesige, rechteckige Form aus der Masse der fast unbeweglichen Wolke. Ich schaute nicht länger mit kindlichem Eifer zu. Ich beobachtete.

Ich war so leicht wie Luft, leichter als Luft. Der Mittelpunkt des verhangenen Nebelflecks war ein Fundament für den großen Merkstein, der sich von dieser Basis erhob. Ich berührte ihn. Eine durchsichtige Tür öffnete sich nach innen, und ich trat ein.

Ich stand lange Zeit da und beobachtete, was sich drinnen abspielte. In dem gewaltigen Raum hätte leicht der ganze Gebäudekomplex des Pentagon Platz gefunden. Ich hatte noch nie eine so riesige umbaute Fläche gesehen. Doch diese Größe war nur zum Teil für meine Verwunderung verantwortlich. Ebenso verblüffend waren die Menschenmassen darinnen. Es war buchstäblich eine summende Metropole.

Das riesige Innere war rund. Hunderte von großen Räumen schlossen sich einer nach dem andern um den ganzen Kreis herum aneinander an. Die Wände waren aus einem strahlend weißen Material gebaut, in das winzige funkelnde Flecken eingeschlossen waren. Es fühlte sich kühl an. Über jeder Tür war ein Schild, das aussagte, wofür dieser bestimmte Raum benutzt wurde. Manche Zeichen verstand ich sofort, andere nicht. In der Mitte dieser Unermeßlichkeit war ein gläsernes Podium mit einem Mammutbuch darauf. Neben dem Buch war eine komplexe Computeranlage.

Meine Schritte waren lautlos, als ich mich neugierig von Zimmer zu Zimmer bewegte. Eine Tür stand ein wenig offen. Ich lugte durch die schmale Öffnung.

«Der Lauscher an der Wand hört seine eigene Schand'», flüsterte jemand hinter mir.

Wenn ich mich mit einem Körper hätte abgeben müssen, dann weiß ich, daß ich eine Meile weit gesprungen wäre. Ich flog herum, um meinen Besucher mit dem Lichtkörper zu sehen.

Diesmal trug er eine lange Robe mit weißer Kapuze. Seine helle Aura konnte jedoch nicht verdeckt werden.

«Sollte ich nicht hier sein?» fragte ich leise.

Er lachte und streckte seinen Arm in Richtung Raummitte.

«Hier kommt keiner rein, der das nicht sollte.»

Ich grinste zurück.

«Warum sollte ich?»

«Dazu kommen wir noch zur rechten Zeit, meine Freundin. Erst mußt du vollkommen verstehen, wo du bist, dann können wir uns persönlichen Dingen widmen.»

Wir liefen oder glitten zu dem großen Buch. Er öffnete es, zeigte darauf und bedeutete mir zu lesen, was da stand. Ich zögerte und sah ihn an.

«Mach nur, es ist vollkommen in Ordnung.»

Ich schaute mich verstohlen in dem Raum um, um festzustellen, ob mir jemand zuschaute. Niemand. Sie waren alle tief in ihre eigenen Angelegenheiten versenkt. Ich folgte seinem Finger entlang einer alphabetischen Namensliste. Die Bewegung kam zu einem Stillstand und mein Herz auch. Dort in dem riesigen Buch, in der Mitte von was auch immer, standen meine beiden Namen.

«Was heißt das? Warum sind meine Namen in diesem Buch?»

«Das ist ein ausgezeichneter Ort, um zu beginnen. Hast du irgendeine Vorstellung davon, wo du bist?»

«Auf der anderen Seite?» antwortete ich schüchtern.

«So in etwa. Siehst du, meine Freundin, die ‹andere Seite› ist einfach eine andere Dimension der Wirklichkeit. Schau dich um. Alle diese Leute hier sind Geistwesen. Hierher kommt jede Seele zwischen den körperlichen Leben. Die Tür, durch die du eingetreten bist, ist nur für die Seelen, die die Wahrheit suchen. Die Seelen derjenigen, die gestorben sind, kommen zu einer ganz anderen Tür herein. Dort werden sie von ihrem persönlichen Führer und den Seelen ihrer früher verstorbenen Verwandten und Freunde begrüßt. Diese Verwandten und Freunde helfen der frisch übergewechselten Seele, sich an ihre neue Umgebung anzupassen. Es ist ihre Aufgabe, den Neuankömmling wieder mit seiner alten Sphäre vertraut zu machen. Im wesentlichen ist dies eine Abfertigungsstelle für Ankunft und Abreise. Wir haben ausgedehnte Einrichtungen, um alle Bedürfnisse zu erfüllen, je nachdem, was die neu angekommene Seele für ihr Weiterschreiten zu Gott braucht.»

Er klopfte sanft auf das Buch.

«Dieses Buch heißt ‹Das Buch der Aufzeichnungen›. In ihm sind die Aufzeichnungen der körperlichen Leben einer jeden Seele. Es ist ein Buch der Bilanzen, durch das wir auf einen Blick bestimmen können, was eine individuelle Seele verbessern muß, um sich selbst in einen vollkommeneren Zustand zu bringen. Jeder Verstoß gegen Gottes Gesetz ist hier aufgezeichnet. Jede gute Tat und jeder gute Gedanke sind auch aufgezeichnet. Sie werden genau gewogen, um zu bestimmen, ob von dieser Seele ein weiteres körperliches Leben verlangt wird.»

«Was sagen denn meine Aufzeichnungen?»

Er schloß das Buch mit einem widerhallenden Knall.

«Dazu kommen wir noch, meine Freundin.»

Er zeigte mir den Computer.

«Der wird benutzt, um das gewählte, zukünftige Leben zu klassifizieren und einzukreisen. Sagen wir mal, zum Beispiel, daß eine neu angekommene Seele, nachdem sie sich ausgeruht und die Aufzeichnungen ihrer persönlichen Leistungen studiert hat, jetzt darauf vorbereitet ist, in ein weiteres körperliches Leben zurückzukehren. Sie berechnet sorgfältig die Fehler, die sie aufwiegen muß. Vielleicht war sie in ihrem letzten Leben mit Reichtümern gesegnet, hat aber diese Reichtümer gierig gehortet und nicht mit den weniger glücklichen geteilt. Das nächste Leben wird diese Selbstsucht ausgleichen müssen. Vielleicht möchte sie armen Eltern wiedergeboren werden und den Rest ihres neuen Lebens in Armut verbringen. Oder sie hat viele andere Möglichkeiten, wie Missionar oder Arzt in einem von Armut heimgesuchten Land zu werden. Auf diese Weise gleicht sie ihre frühere Selbstsucht durch ein neues Leben aus, indem sie sich selbst gibt in vollkommener Uneigennützigkeit.

Dieser Computer sucht all die nötigen Voraussetzungen für ein solches Leben und kreist die biologischen Möglichkeiten für Eltern ein. Hier wählt sie aus, wer ihre Eltern in ihrem neuen Leben sein werden.»

Es erschien mir alles durchaus logisch; ich hatte jedoch ein paar Fragen, auf die ich Antworten brauchte.

«Das erscheint mir alles logisch, aber was ist mit der Tatsache, daß die Seele die Erinnerung an all dies nicht bewahrt? Wie erinnert sich jemand an den Grund dafür, warum er lebt? Und was ist, wenn er von seiner beabsichtigten Aufgabe abkommt?»

«Langsam, meine Freundin, immer nur eine Frage. Zunächst verbringt jede Seele jedesmal, wenn sie hierher zurückkommt, viel Zeit damit, zu planen und Gottes Wahrheiten zu studieren. Auf ähnliche Weise ist sich eine Seele, wenn sie zum Körperlichen zurückkehrt, ein kleines bißchen mehr dieser Wahrheiten bewußt. Sie mag sich nicht deutlich daran erinnern, aber es wird zumindest ein Impuls da sein, zu fragen und sie zu suchen. Das hängt auch mit deiner zweiten Frage zusammen. Ein bewußtes Individuum weiß seiner inneren Natur nach, daß es für eine bestimmte Aufgabe lebt. Im allgemeinen führen die Wege, die es wählt, an sein Ziel oder wenigstens in dessen Nähe. Drittens kommen viele tatsächlich von ihrer beabsichtigten Aufgabe ab. Gott hat jeder Seele, als er sie erschuf, ein großes Geschenk gegeben. Er gab ihnen einen freien Willen. Oft ist genau dieses Geschenk die Ursache dafür, daß eine Seele ein ganzes Leben vergeudet, wodurch sie nur noch einmal zurückkehren muß, um es noch einmal zu probieren. Denn niemand kehrt zu Gott zurück, bis er viele Male wiedergeboren worden ist. Das ist das Gesetz. Es ist gerecht.»

Ich dankte ihm dafür, daß er meine Fragen geklärt hatte, aber ich hatte noch viel mehr.

«Wie tritt die Seele in den physischen Körper ein?»

Er lächelte.

«Diese Sachen sind hier nicht wichtig. No-Eyes kann sie dir beantworten. Ich habe dir noch mehr zu zeigen; komm.»

Wir verließen die Mitte des Raums, und ich folgte seiner Führung. Wir kamen an die erste der vielen Türen. Auf ihr stand: *Trost.*

«Hier verbringen neu angekommene Seelen viel Zeit, um mit der Trennung von den geliebten Menschen, die sie im Bereich des Körperlichen zurückgelassen haben, fertig zu werden. Die meisten neuen Seelen haben keine weltlichen Sorgen mehr; es gibt jedoch solche, die diese Art von Rasthaus brauchen.»

Leise machte er die Tür einen Spalt auf, um einen riesigen Raum zu zeigen, in dem liebende Seelen die Trauernden trösteten. Den trauernden Seelen wurde gezeigt, wie gut die Hinterbliebenen zurechtkommen würden. Allmählich erkannten sie, daß der physische Kummer eine notwendige Art war, mit dem Leben fertig zu werden, und daß er stärkend wirkte.

Mein Führer öffnete die nächste Tür, die mit *Liebe* gekennzeichnet war. Diese Seelen verschmolzen buchstäblich mit anderen Seelen, um eine tiefe und reine Liebe miteinander zu teilen.

«Das physische Leben kann eine schwere Last sein, die häßliche Narben bei der Seele zurückläßt. Oft hat ein Individuum sein Leben elendiglich in einem Vakuum verbracht. Dieses Vakuum hat keinen inneren oder äußeren Ausdruck von Zuneigung, Zuwendung oder Liebe. Daher kommen ungewöhnlich einsame Seelen herüber, die dringend die Zuneigung brauchen, die sie in ihrem physischen Leben so jämmerlich entbehrt haben.»

Er führte mich zu der nächsten Tür mit dem Schild *Frieden*. Drinnen sonnten sich die Seelen in einer üppigen und idyllischen Umgebung. Sie erinnerte mich an mein verstecktes Tal.

«Jede Seele wird wiedergeboren, um etwas Negatives auszugleichen. Daher werden die meisten Leben in einem Wettlauf mit der Zeit verbracht. Manche Leben sind hektisch und verletzend. Hier gewinnen sie den nötigen inneren Frieden wieder, den ihre physischen Körper ihnen nie gegeben haben.» Wir schritten an mehreren Dutzend weiterer Türen vorbei. Er erklärte, daß hinter jeder Tür Seelen ihre Bedürfnisse wiederbelebten. Man konnte nicht wiedergeboren werden, wenn die Seele selbst nicht in ihren emotionalen und Persönlichkeitsbedürfnissen vollkommen ausgeglichen war.

Am Ende des weiten Kreises von Räumen war eine Tür, die nicht gekennzeichnet war. Wir hielten in ihrer Nähe an, aber nicht zu nah.

«Und wofür ist dieser Raum?» fragte ich meinen Führer und machte einen Schritt darauf zu.

«Nein, meine Freundin, die werden wir nicht aufmachen.»

Ich warf ihm einen fragenden Blick zu, trat zurück.

«Hinter dieser Tür ist das, was die, die noch im Bereich des Körperlichen sind, die ‹Hölle› nennen.»

Ich rückte näher an seine Seite.

«Hab keine Angst. Habe ich nicht gesagt, daß dies die ‹andere Seite› ist? Ich meinte, daß sie *alle* Seiten einschließt.»

«Aber ich dachte, du hättest auch gesagt, dies sei eine Ankunfts- und Abreisestelle. Wie können die da drinnen abreisen?»

«Sie haben beschlossen, Gott zu verlassen. Sie haben in ihrem Leben immer wieder rebelliert. Sie haben sich geweigert, Gott als ihr letztendliches Ziel anzuerkennen. Sie haben ihren einfachen Weg des Bösen dem schwierigen Weg zu Gott vorgezogen.»

«Wie ist es da drinnen?»

«Das Nichts. Es ist in alle Ewigkeit ein großes Nichts.»

Ich wußte nicht, was ich sagen sollte. Ich fühlte eine solche Schwere für diese armen verlorenen Seelen.

«Komm, laß mich dir etwas zeigen, das dich vielleicht aufheitert.»

Ich folgte dem Mann in Weiß zu einer Tür, an der wir vorbeigegangen waren. Sie trug die Aufschrift *Gnade*.

«Ich werde diese auch nicht aufmachen. Aber ich möchte, daß du weißt, wie verständnisvoll Gott ist. Hinter dieser Tür sind all die Seelen, die ihre körperlichen Leben als religiöse Skeptiker und überzeugte Atheisten gelebt haben. Sie haben einen der ärgsten Fehler begangen, während sie auf der Erde waren. Sie haben einen lebendigen Gott verleugnet. Sie haben nicht an ein Leben nach dem Tode geglaubt. Doch hier, in diesem Raum, wird ihnen Gottes reiche Gnade gezeigt. Sie existieren in dem Glanz von Gottes Liebe. Sie werden nie wieder zweifeln.

Du siehst, meine Freundin, Gott läßt alle gewähren. Gott verurteilt nie jemanden. Sie erhängen sich selbst. Dennoch verdammt ein so ernsthafter Verstoß eine Seele noch nicht. Gott nimmt sie wieder auf und liebt sie. Wenn sie davon ganz erfüllt sind, werden sie nie wieder bezweifeln, daß es ein höchstes Wesen gibt.»

«Gibt es hier eine Vorhölle? Einen Ort, an den nichtchristliche Babys kommen?» fragte ich und suchte nach einer entsprechenden Tür.

Er brach in schallendes Gelächter aus.

«Hast du überhaupt zugehört? Würde Gott Seelen von sich weisen, die nur als Kleinkinder existiert haben? Diese Seelen hatten keinen freien Willen zu wählen! Nein, meine Freundin, die Seelen von toten, ungetauften Kleinkindern kommen einfach hierher zurück, wie alle anderen. Du tätest gut daran, dich zu erinnern, daß die Taufe eine Angelegenheit der Seele des Individuums ist, nicht eine Einrichtung der Religion. Alle Religionen bestehen aus Gottes Geist. Alle Menschen leben nur deswegen, weil Gottes Geist in ihrer physischen Form wohnt. Spezifische Glaubensrichtungen haben keinen Einfluß auf die Wirklichkeit, die du hier vor dir siehst. Sie enden alle hier oben, egal was sie glauben.

Außerdem sollte ich dich vielleicht daran erinnern, daß alle Seelen in den ersten Tagen der Schöpfung erschaffen wurden. Wie könnte Gott eine alte Seele an einen solchen Ort wie eine Vorhölle verdammen, wenn eben diese Seele Äonen alt ist? Denk mal darüber nach.»

«Dann gibt es auch kein Fegefeuer», schloß ich.

«Das Körperliche *ist* das Fegefeuer. Das Körperliche ist die unterste Ebene, auf der Seelen die goldene Gelegenheit haben, ihre Fehler auszugleichen, für früheren Ungehorsam gegenüber Gottes Gesetzen zu zahlen, sich selbst zu bessern.»

Er ließ mir keine Zeit, all die Dinge, die er mir gezeigt und über die er gesprochen hatte, zu verdauen. Er drehte sich mit einem Flattern seiner langen Robe um und durchschritt die gewaltige Weite der großen Halle. Er stand vor dem «Buch der Aufzeichnungen» und rief mich zu sich.

«Nun, was wolltest du zu diesem Buch fragen?»

«Ich wollte wissen, was es über mich sagt.»

Er schaute unter gefurchten Brauen auf mich herab.

«Bist du absolut sicher, daß du das wissen willst?»

Ich zögerte, dann nickte ich.

«Dann schau selbst. Es ist alles da.» Seine Hand machte eine einladende Geste.

Ich näherte mich dem Buch. Mein Herz klopfte wie wild, als ich die Aufzeichnungen meiner Leben las. Auf der untersten Zeile stand meine beabsichtigte gegenwärtige Aufgabe für dieses Leben.

Meine Beine waren in dem kalten Wasser des Baches taub geworden. Ich konnte sie kaum auf das trockene Gras hinausheben. Die Sonne hatte die Mittagsstellung überschritten. Ich hatte offenbar lange Zeit geschlafen. Kräftiges Reiben stellte bald den gesunden Tonus meiner Beine wieder her, und ich stapfte herum, um sicherzugehen, daß sie in bester Verfassung waren. Die Sonne blendete, als ich durch meine schützenden Finger nach der Wolke meines Traums Ausschau hielt. Der Himmel war von durchsichtiger, türkisfarbener Flüssigkeit. Er war nirgendwo von irgendwelchen Unzulänglichkeiten aus weißem leichten Material gezeichnet. Ich lenkte meinen Blick wieder auf das einfache Tal und sah es in einem neuen Licht. Es würde immer mein heiliger Grund sein, der Ort, der mir meine Vision gegeben hatte. Aber irgend etwas war daran jetzt anders. Ich konnte nicht genau bestimmen, was ich da spürte. Ich lief am Bach entlang. Die Weiden waren voll vibrierenden Lebens. Die Wildblumen boten mir ihre süßen Gaben, als ich vorbeiging. Der Bach wiederholte immer wieder seine Botschaft, als ich ihn ein Stück auf seiner endlosen Reise begleitete. Ich pflückte eine goldene Schmetterlingsblüte und hielt sie zärtlich in meiner Hand. Ihre samtigen, taschenartigen Blüten reflektierten das Sonnenlicht und gaben ihm einen lebendigen Glanz. Sie hielt die Kraft des Lebens umfaßt. In diesem Moment war sie das schönste Ding, das ich je gesehen hatte. Die ganze Wiese war ein schimmerndes Zeugnis von Gottes Liebe für mich und meine Mitmenschen. Ich war Zeugin der wunderbaren Pracht der Schöpfungen des Großen Geistes in der Natur. Ich hatte diese Natur beobachtet und war eins mit ihr geworden. Ich hatte die zarten Flügel meiner Seele ausgebreitet und war in majestätischem Flug mit dem Falken gekreist. Und indem ich das tat, wurde ich eins mit Allem-Was-Ist.

Obwohl meine Suche vollendet war, blieb ich in dieser Nacht noch, um in der Einsamkeit meines heiligen Grunds nachzudenken. Ich schaute hinauf zu dem großen Zeitmesser und sah die Hand Gottes dahinter. Ich schaute still in die leuchtende Glut meines Feuers, und ich horchte auf die freundlichen Geräusche des tiefen Waldes. Ich wärmte mich in einer Zufriedenheit, die die Menschen nur wenig kennen. Ich wußte, warum ich hier war.

Am nächsten Morgen wachte ich vor Tagesanbruch auf. Ich packte meine Sachen zusammen und überquerte die feuchte Wiese in dem Licht der Vordämmerung. Der Weg auf den Bergkamm hinauf war nicht sehr anstrengend, obwohl ich seit zwei Tagen nichts zu essen gehabt hatte. Der höchste Punkt der Strecke kam schneller, als ich erwartet hatte. Wenn ich diese Biegung erst umrundet hatte, würde das Tal nichts mehr als eine wertvolle Erinnerung sein. Ich hielt an, um ein letztes Mal seine Schönheit aufzunehmen. Es schien mir immer noch vollkommen verändert zu sein.

Im Halbdunkel war es still unter rollendem Frühnebel verborgen. Das sanfte Zwitschern begann eben erst. Mein Land war noch schlaftrunken. Ich bemühte mich, die Abschiedsbotschaft des Baches zu hören. Als ich horchend da stand, schoß ein goldener Strahl über den östlichen Kamm und durchdrang das Herz des Nebels. Und als ich das prächtige Meisterwerk unter mir besichtigte, verstand ich, warum mein Tal anders aussah. Es hatte sich überhaupt nicht verändert. Aber ich.

In den Hades – eine Reise

Mögest du immer Hand in Hand mit dem Vertrauen gehen, und möge der Große Geist ewig dein Leuchtfeuer sein.

Über Woodland Park lag eine dunkle Stimmung. Wieder einmal herrschte dicker Nebel, der sich gelegentlich zwischen den Bergkämmen niederläßt. Der mittsommerliche Tag zeigte so wenig Licht wie ein grauer Abend in London. Bill und ich hatten geplant, mit unseren Mädchen ein Picknick zu machen. Aber dies war offensichtlich nicht der richtige Tag für ein Freiluftunternehmen. Wir waren daher gezwungen, zu Hause zu bleiben. So spielten wir statt dessen Monopoly und ein halbes Dutzend Kartenspiele. Schließlich wußten wir keine Spiele mehr, selbst die Mädchen waren es leid.

Wir saßen auf dem Boden im Wohnzimmer und fingen an, spirituelle Vorstellungen zu diskutieren. Aimee fing damit an, indem sie fragte, warum Gott seine eigenen Seelen zur Hölle verdammte. Solche vollkommen unvorhersehbaren Fragen führten immer zu längeren Erklärungen. Ich hatte ein Bilderbuch für Kinder mit dem Titel «Berge, Wiesen und Mondstrahlen» geschrieben. Dieses Buch erklärte all die spirituellen Vorstellungen, die ich von Wesen wie No-Eyes lernte. Ich illustrierte jede Auffassung, um einem Kind den Inhalt klar zu machen. Bisher ist dieses Buch noch nicht veröffentlicht, also sucht nicht danach. Ich benutze es jedoch, um meinen eigenen Kindern in ihrem Verständnis zu helfen. Aimees Frage veranlaßte mich, das Buch hervorzuholen und noch einmal unsere Aufgabe hier zu erklären, warum jeder Mensch hier ist.

No-Eyes hatte ihre eigene Art, auf diese oft gestellte Frage zu antworten. Obwohl ich sie nie nach der Hölle fragte, nahm sie es auf sich, mich mit ihr bekannt zu machen. Bill und ich hatten uns schon in früheren Diskussionen mit einem anderen geistigen Führer mit diesem Thema vertraut gemacht. Ich vermute, daß No-Eyes das Gefühl hatte, daß ich eine ausführliche Erklärung brauchte. Auf jeden Fall werde ich sie jetzt mit euch teilen.

Eines Sommertages, als die Touristenflut auf den Straßen den Verkehr fast zum Erliegen brachte, wagte ich mich zu No-Eyes hinaus. Wie so oft war es ein vollkommener Bergmorgen. Nachdem wir unser Ritual des Dankes und der Begrüßung beendet hatten, blieben wir im Inneren ihrer kühlen Hütte. Wir sprachen unbekümmert über allgemeine Themen, während wir eine ihrer einzigartigen Teemischungen tranken. Es sah so aus, als ob es für diesen Tag keine feste Lektion gab. Ich sollte noch herausfinden, wie unrecht ich da hatte. Es war beruhigend, das leichte Geplauder der alten Frau genießen zu können. Wir waren wie Freundinnen, die einander besuchen. Es gab keine Erwähnung oder auch nur eine Andeutung einer besonderen Unterweisung. Bis sie mich plötzlich anwies, mich auf das Sofa zu setzen und selber ihren vertrauten Schaukelstuhl heranzog. Ich hätte es wissen sollen. Die Frau verschwendete nie einen Tag, der damit verbracht werden konnte, eine wertvolle Lektion zu geben, eine Lektion, die die Seele bereichert.

«Summer setzt sich jetzt auf das Sofa.»

Das tat ich.

«Summer geht jetzt woandershin.»

«Kommst du auch mit?»

«Nee.»

«Warum nicht?»

«No-Eyes war schon da. Jetzt ist Summer dran.»

«Können wir nicht beide gehen?»

«Ich möchte nicht noch mal gehen. No-Eyes geht dann auch nie wieder dahin.»

Na, prima! Wo schickte sie mich denn jetzt hin? Ich hatte gelernt, allein an verschiedene Orte zu gehen, während sie mich im Geist begleitete (beobachten, erinnert ihr euch?). Ich hatte das entsetzlich beklemmende Gefühl, daß ich wieder negativen Kräften ausgesetzt sein würde. Die Alte hatte mich bereits zu verschiedenen Gruppen geführt, die mit dunklen Mächten herumpfuschten. Sie hatte mich erfolgreich hindurch geleitet, sorgfältig meine Reflexe, Reaktionen und Antworten beobachtet und mich dann heil zurückgebracht. Damals hatte sie mir gesagt, daß ich eines Tages in das wahre Zentrum des Bösen würde gehen müssen. Außerdem war sie ehrlich genug, mir zu sagen, daß ich allein gehen würde – aber nicht, bevor sie sich ganz sicher war, daß ich damit umgehen konnte. Mein Magenflattern bestätigte meine Befürchtung, daß heute der ganz spezielle Tag war. Ich zuckte in einem plötzlichen, nervösen Krampf.

«Friert Summer?»

«Du weißt, daß ich nicht friere.»

«Summer hat Angst, he.»

«Natürlich habe ich Angst.»

«Summer wird okay sein.»

«Das kannst *du* leicht sagen, du bleibst ja hier.»

«Ich bin da, hier oben.» Sie nickte mit dem Kopf.

«Das ist nicht dasselbe, und das weißt du auch.»

«Na und! Solange Summer das weiß.»

Diese Bemerkung machte mich endgültig nervös. Wenn sie geistig bei mir war, konnte sie mich *ausschließlich* beobachten. Ich aber brauchte sie *wirklich* (in der spirituellen Bedeutung), so daß sie mir helfen könnte, wenn ich sie brauchte. Wenn sie einfach geistig dort war, war sie keine Hilfe. Ich hatte wirklich Angst.

«Summer muß jetzt ihr Schild aufbauen.»

Ich arbeitete. Ich arbeitete schwerer als je zuvor in meinem Leben. Dies konnte mich sehr wohl das Leben kosten. Dies war kein Biberteich. Dies war *das Leben*. Es war *wirklich*.

«Noch nicht gut genug!»

Ich verstärkte meine Visualisation. Der psychische Schild glühte und bebte in wogendem Weiß. Er war gut.

«Nicht gut! Du brauchst *mehr!*»

Ich gab ihm all die Stärke, die meine Energiemaschine aufbringen konnte.

«Nee!»

Ich visualisierte Gott. Wir hielten uns die Hände. Mein Schild schimmerte als blendendes Kraftfeld.

«Hui! *So* ist es gut! Wir gehen jetzt. Ist Summer bereit?»

Ich nickte. Von diesem Punkt an konnte ich nie sprechen, da das sehr wahrscheinlich meinen Schutz beschädigt hätte. Wenn ich mir natürlich anschaue, wessen Bild ich mir ausgeliehen hatte, bezweifle ich, daß eine Beschädigung möglich gewesen wäre. Dennoch, ich wollte mich auf kein dummes Risiko einlassen. Hättet ihr das getan?

No-Eyes schuf im Geiste meinen ätherischen Pfad. Sie arbeitete schweigend. Oft ging sie, wenn sie auf diese Weise mit mir kam, so voraus, daß sie eine Art Pfad formte, dem meine Seele dann bis an ihren Endpunkt folgte. Das tat No-Eyes jetzt, während ich besorgt wartete. Ich umklammerte fest die mystische Hand. Ich preßte die Energie-Essenz aus ihr heraus – vermutlich in der Hoffnung, daß die machtvolle Essenz sich mit meiner eigenen schwachen vermischen würde.

«Ich bin fertig», flüsterte sie.

Ich nahm einen tiefen Atemzug und ließ die Luft langsam wieder hinaus. Ich beruhigte all meine Sinne, ohne dabei das Bild meiner kraftvollen Schutzvision zu verlieren. Dies bedurfte unglaublicher Konzentration. Von hier ab würde ich sehen müssen, was auch immer ich sehen sollte, und dabei *nie* das Bild oder die Stärke meines schützenden Schildes verlieren dürfen. Ich würde zwei Gedanken gleichzeitig halten, zwei Dinge gleichzeitig sehen müssen. Wenn ich auch nur für den Bruchteil einer Sekunde das Bild oder den Gedanken an meinen Schutz verlieren würde, könnte das ein unheilvoller Fehler sein. Ich würde meine Seele einem Schock (einem bösen Angriff) aussetzen, der dann der ätherischen Lebenslinie zurück in den Körper folgen würde, wo die Welle dann einen schweren Herzanfall oder schlimmeres (Besessenheit) auslösen würde. Ich wußte, was auf dem Spiel stand. Höher würden die Einsätze nicht mehr steigen. Wenn No-Eyes dachte, daß ich dafür bereit wäre, dann vertraute ich ihrem Urteil.

Ich ging. Ich schwebte über der ruhigen physischen Form und lud mein Schild mit Energie auf. Ich schaute mich um und sah,

«Ich bin keineswegs davon überzeugt …

...daß sich die Befreiung vom Medizinmann gelohnt hat», schreibt James Baldwin in einem Essay.

Was nach Medizinkritik klingt und übergreifend als Kulturkritik verstanden werden will, lenkt den Blick auf einen Bewußtseinswandel, den immer mehr von uns vollziehen: Bewährtes dem Vergessen entreißen, traditionell Erfolgreiches für sich nutzen, um so das Leben zu bereichern.

daß die Alte sich konzentrierte. Ich konnte sehen, daß sie unglaublich besorgt war – es war das erste Mal, daß ich sie so besorgt sah, daß sie vorn auf der Stuhlkante aufgerichtet saß.

Ich verließ die Hütte, und da lag direkt vor mir ihr starker Pfad. Ihre Energie ließ ihn erglühen. Ich folgte ihm, ohne jemals meine Augen abzuwenden. Einen Augenblick später war ich in der dritten Dimension, und im nächsten war ich es nicht mehr. In meiner peripherischen Wahrnehmung gab es nichts Vertrautes. Doch ich nahm nie meinen Blick von dem Pfad der alten Frau. Ich konnte ihre ständige Verstärkung spüren. Ich drückte die Hand.

Ein unidentifizierbares Geräusch gelangte in mein Bewußtsein, ein gemurmeltes Geräusch vieler Stimmen. Ich folgte unbeirrt dem leuchtenden Pfad.

Ein dröhnendes Gelächter drang in meine Ohren. Röcheln vermischte sich mit gequälten Schreien. Ich erinnerte mich an meine «Hör-Lektion» und ließ die Geräusche ohne die wirkliche Aufmerksamkeit des Zuhörens durch meinen Kopf strömen. Den bewußten Akt des Zuhörens konnte ich in Wirklichkeit gar nicht leisten. Wabernde Formen umwebten mich. Ich behielt den Pfad im Auge. Riesige Schlangen schlängelten sich um meine Füße. Sie öffneten ihre Kiefer und legten schleimtropfende Giftzähne frei. Sie veränderten ihre Form und verwandelten sich in medusaähnliche Geschöpfe, die mir ins Gesicht schlabberten. Ich drückte ohne Unterlaß die mächtige Hand.

Furchterregende, stinkende und entstellte Menschen spuckten in meine Augen. Sie schnatterten und gestikulierten obszön in einem grotesken Tanz der Verdammten um mich herum.

Ich wußte, daß ich mich fürchtete, aber ich traute mich nicht daran zu denken. Der Pfad ging weiter.

Die ursprünglich gedämpften Geräusche verwandelten sich in Heulen und Schreien, als ich mich meinem Ziel näherte. Der schimmernde Pfad wurde kürzer. Ich konnte jetzt sehen, wo er endete. Ich dachte an den kraftvollen Schild. Ich dachte daran, wie schön und gut er inmitten des Übels war. «Gott und schön. Gott der Kraft und des Lichts. Gott der Kraft und des Lichts. Allmächtiger Gott. Allmächtiger Gott.»

Ich kam langsamer voran. «Allmächtiger Gott.»

Widerliche Gerüche.

«Allmächtiger Gott. Güte. Stärke des Lichts.» Der strahlende Pfad durch den Gestank verrottender Wesen endete. Mein Pfad war *weg*!

«Licht Gottes! *Licht der Kräfte! Güte Gottes!*» Ich drückte die Hand. Die Hand war *weg!*

Lästerliche Worte. Spucke. Stinkender Atem. Näherkommen.

Verzweifelt langte ich nach meinem Schild. Wie wahnsinnig visualisierte ich eine andere Wesenheit. Ich drückte.

Sie drückte zurück.

«Kräfte des Lichts! Kräfte des Lichts! Kraft der Kräfte!»

Stille. Leere. Schwärze.

Ich stand, hielt die Visualisierung meines Schildes aufrecht. Ich wußte wohl, wie mein Freund aussah – mein Freund, der zu der Hand gehörte. Wir waren noch immer zusammen. Wir hatten überlebt. Ein strahlender Lichtpunkt durchdrang die Dunkelheit um uns herum.

Ich sah fasziniert zu.

Das Licht wuchs.

Meine Hand wurde heruntergezogen. Ich sah zu meinem Freund. Er kniete. Ich folgte sofort seinem Beispiel. Konnte das wahr sein? War das, was ich dachte, wahr? Nein. Doch mein Freund, mein rechtshändiger geistiger Führer kniete mit gesenktem Kopf in vollkommener Andacht. Auch ich sah ins Leere hinab. Das völlige Dunkel wurde heller. Es begann zu schimmern, zu wabern. Ich schloß meine Augen. Ich hatte mehr Angst als je zuvor. Das blendende Licht durchdrang meine Lider, und ich wurde mit einer großen Wärme erfüllt. Es durchflutete mein Sein und das meines lieben Freundes. Ich weinte.

Das Licht blieb nur einen ganz kurzen Moment. Dann wurde es schwächer.

Ich spürte, wie mein Freund mich hochzog.

Ich wagte es, meine Augen zu öffnen.

Der Lichtpunkt verschwand gerade in der Leere.

Wir sahen einander an.

Er lächelte mitfühlend. «Wir werden hierüber sprechen, wenn ich das nächste Mal komme. Frieden, Mary.»

Ich war allein. Ich dachte an die Hütte.

No-Eyes flüsterte mir zu. «Das war zu knapp. Gut, daß Summer so schnell an ihn gedacht hat.»

Schweigen. Ich war in einem wunderbaren Zustand des Erinnerns. Ich wollte nie wieder sprechen. Ich schloß meine Augen und lag auf den weichen Kissen des abgewetzten Sofas. No-Eyes wußte Bescheid. Sie beschäftigte sich in der Küche, während ich in den anhaltenden Wirkungen der Seeligkeit schwelgte. Ich glaube, ich schlief ein, denn als ich aufwachte, waren die schrägen Strahlen der Sonne lang und orangefarben.

«Ist Summer in Ordnung?»

«Ja.»

«Summer ist mit knapper Not entkommen.»

«Jaa.»

«Möchtest du jetzt nach Hause gehen?»

«Noch nicht. Ich muß darüber reden.»

«Okay. Trink das hier.»

Ich nahm das dampfende Kräutergebräu. Ich war sehr nachdenklich; ich wollte noch nicht wirklich sprechen, aber ich mußte es.

«Was will Summer wissen?»

Da war so viel. «Nun, meine schützende Visualisation hat bis zu einem bestimmten Punkt wirklich gut funktioniert. Und als ich sie am meisten brauchte, war sie weg.»

«Summer hat sich eine schlechte Kraft als Begleitung gesucht.»

«*Schlecht!* Ich habe das Bild Gottes selbst gewählt!»

«Beruhige dich. Denk nach. Wo hat der Pfad hingeführt?»

«In die Hölle. Du hast mir einen direkten Pfad in die Hölle gelegt.»

«Was ist die Hölle, Summer?»

Der einfache Sachverhalt blitzte hell in meinem Kopf auf. «Natürlich! Ich habe Gottes Hand benutzt, um mich an ihr festzuhalten, und Hölle ist das *Fehlen* Gottes!»

Sie grinste über meine plötzliche Erkenntnis.

Ich grinste nicht. «Du wußtest, daß er von meiner Seite weichen würde, nicht wahr?»

Sie nickte recht schuldig.

«Warum hast du es dann nicht gesagt, als ich sein Bild in meinem Schild geformt habe? Warum hast du mir nicht gesagt, ich solle ein anderes nehmen?»

«Ich konnte nicht für dich wählen.»

«Darum warst du so nervös und ängstlich, oder?»

Ein weiteres zustimmendes Nicken.

Ich dachte darüber nach. Sie würde nicht immer an meiner Seite sein, um die Dinge auszubügeln. Ich mußte es allein schaffen, denn ich würde bald allein sein.

«Ist Summer wütend auf No-Eyes?»

Ich hielt ihre rauhe Hand. «Nein. Du tust, was du tun mußt.»

«Summer tut auch, was Summer tun muß. Summer hat ihn schnell herbeigeholt.»

«Ich habe sofort an ihn gedacht. Er hat uns schon durch eine Menge hindurchgeführt.»

«Ich weiß.»

Ich lehnte mich zurück und lächelte. Ich zögerte.

«Sag es, Summer.»

Tränen stiegen auf.

«Es ist in Ordnung.» Sie kam zu mir auf das Sofa und legte ihren dünnen Arm um mich.

Ich lehnte mich an ihre Brust, ließ mich von ihr fest umarmen und weinte.

«Das ist natürlich. Es ist in Ordnung.»

Ich konnte nicht aufhören zu schluchzen. Es war ein Ausdruck von Erleichterung und Ehrfurcht zugleich. «Ich hatte soviel *Angst!* Ich hab mir soviel Mühe gegeben. Ein paarmal habe ich fast den Anblick des Schildes verloren. Ich hatte soviel Angst. Diese Dinger waren scheußlich. Dann, als die Hand weg war, war ich entsetzt! Dann dachte ich an Bills Führer, und alles veränderte sich.» Ich trocknete meine geröteten Augen, sah zu No-Eyes hinauf und sagte etwas ganz Dummes. «Die Hölle ist die Hölle.»

Sie grinste. «Das stimmt.»

Ich lachte.
«Die Hölle ist wirklich genau das.»
«No-Eyes?»
«Was?»
«Er war so wunderschön.»
«Ja, das ist er.»
«Mein Freund schien sich bei Ihm zu Hause zu fühlen.»
«Ja.»
«Warum macht er sich die Mühe mit uns, wenn er mit Gott sein könnte?»
«Das ist sein Job. Das weiß Summer bereits.»
«Ja, wahrscheinlich schon, aber...»
«Kein aber. Alle Geistwesen haben bestimmte Jobs.»
«Es gibt nichts, womit ich das Licht je vergleichen könnte.»
«Es *gibt* nichts, womit du es vergleichen kannst, es gibt *nichts* wie *dieses* Licht!»
«Wahrscheinlich.» Ich war wieder in der Stimmung. Worte klangen so unbedeutend.
«Summer kann jetzt nach Hause gehen. Summer fühlt sich besser.»
«No-Eyes, wenn die Leute die Hölle doch nur sehen könnten.»
«Ja.»
«Wenn sie nur sehen könnten...»
«Summer muß jetzt gehen.»
Die Fahrt nach Hause in dieser prächtigen Nacht war geruhsam und faszinierend. Ich mußte all das verdauen, was ich an dem Tag durchgemacht hatte. Die Hölle und dann der Himmel, das alles war an einem Tag zuviel, als daß es ein einfacher, menschlicher Geist ausreichend erfassen könnte. Der widerliche Geruch der Hölle war unvergeßlich. Das quälende Leiden war unverständlich. Meine Gedanken wandten sich dem strahlenden Lichtpunkt zu, der zu unermeßlich großer blendender Essenz heranwuchs. Ich würde nie vergessen, wie die sanfte Wärme der Liebe jede ätherische Zelle meiner Seele und meines Geistes durchdrungen hatte.

Später, viel später, verblaßten die Schrecken des Hades in meinem Gedächtnis. Sie wurden gnädig durch die Erinnerung an ein funkelndes Licht ersetzt. Das Licht schien dauerhaft in meinem einfachen Wesen. Das Licht machte von da an für immer meine täglichen Sorgen leichter. Das Licht gab mir Lebensbejahung. Es gab mir tiefe Liebe und Verständnis. In meiner Welt von Skeptikern und Unachtsamen sollte das Licht mein ewiger Leuchtturm sein.

Der Flug der Seele

Mögest du deine Flügel der Nacht immer weit ausbreiten und die Visionen des Träumers bewahren.

Es machte mir unglaublichen Spaß, aufgeregt durch die farbenfrohen Läden von San Francisco zu ziehen. Jedes Importgeschäft war einzigartig und völlig anders als das nächste. Bill war von einem Geschäft auf der anderen Straßenseite total in Anspruch genommen. Ich betrat einen orientalischen Laden, und als ich ein Regal erreichte, das vor Buddha-Miniaturen schier überquoll, bebten die kleinen Figuren ganz leicht. Niemand bemerkte die schwache Bewegung. Die mögliche Bedeutung meiner einsamen Beobachtung ließ mich erzittern. Ich schaute herum zu den anderen Kunden. Sie unterhielten sich und waren offensichtlich unbesorgt.

Plötzlich hallte ein betäubendes Ächzen durch den Laden, und der Fußboden hob und senkte sich in einer Welle von einem Ende zum anderen. Die große Schaufensterscheibe knallte heraus. Überall flog und splitterte Glas. Regale fielen auf die Erde. Leute schrien und rannten wild herum. Große Risse spalteten die Wände. Die Decke begann in dicken Klumpen herabzukrachen. Das Ächzen wuchs und wurde nun von einem lauten, reißenden Geräusch begleitet.

Mit zitternden Knien verließ ich das, was von dem alten Gebäude übriggeblieben war. Überall wütete Zerstörung. Gebäude fielen im Innern zusammen. Steine und Staub erfüllten die Luft, flogen in alle Richtungen. Aus dem riesigen Riß in der Straße drang schnell Wasser empor. Der Riß wuchs mit erstaunlicher Geschwindigkeit.

Bill war auf der anderen Seite. Er versuchte, mich zu holen. Die

Erde bebte so stark, daß er auf Händen und Knien kroch. Er fiel dauernd auf die Seite.

Der Riß wuchs weiter. Die Erde quietschte und ächzte. Es war ohrenbetäubend. Schließlich teilte der Riß die Straße entzwei. Bill lief die Straße hinauf durch die Stadt und immer weiter. Nichts war hoch genug, seine Vorwärtsbewegung aufzuhalten. Der Riß teilte die Erde. Überall schoß Wasser ein.

Die Seite des Risses, auf der ich stand, bewegte sich fort. Das Wasser weitete sich zu einem Fluß aus, zu einem See – mein Gott! Das Meer! Ich war auf dem Weg ins *Meer!* Ich machte einen riesigen Satz und schaffte es gerade auf Bills Seite. Diese Seite war zum Stillstand gekommen. «Oh, *Bill!*»

«Schatz, wach auf! Wach auf, Schatz!» schrie Bill und rüttelte mich an den Schultern.

Die furchtbaren Geräusche und Bilder verschwanden. Ich war in meinem eigenen Bett in Sicherheit. Ich war schweißgebadet. Als ich merkte, daß es nur ein Traum war, konnte ich mich dennoch nicht entspannen.

Wir standen auf und rauchten beide eine Zigarette.

Ich mußte mich beruhigen und den Traum analysieren.

Wir diskutierten ausführlich darüber, und als ich zufrieden war, gingen wir wieder ins Bett.

Am folgenden Tag fragte ich meine weise, alte Freundin danach. «Ich hatte letzte Nacht einen Traum», begann ich.

«Summer träumt jede Nacht.»

«Ja, ich weiß. Aber dieser war ganz anders.»

«Wie war dieser anders?»

«Er war so wirklich. Ich konnte so klar sehen. Die Farben waren so leuchtend. Die Bewegungen waren so... nun, ich habe jede Bewegung gespürt. Und dieses Geräusch, dieses furchtbare Ächzen war wie nichts, was ich je gehört habe. Es war so laut.»

Sie nickte und schaukelte sehr schnell.

«No-Eyes, ich war furchtbar erschrocken! Es war so *wirklich!* Als Bill mich endlich weckte, war ich schweißgebadet.»

«Summer sagt, es war so wirklich.»

«Ja. Ja, es war, als ob ich wirklich da in dem Laden gewesen wäre.»

«Weiß Summer nicht, warum es so wirklich war?»

Ich dachte nach. Der Gedanke verblüffte mich. Schweigen.

«Ja. Summer war wirklich dort.»

«Mein Geist ist in die Zukunft gegangen.»

«Ja.»

«Aber warum? Ich wußte bereits, was kommen wird.»

«Hat Summer *gefühlt*, was kommen wird? Wissen und Fühlen sind zwei verschiedene Dinge.»

«Zu wissen ist genug.»

«Nee.»

«Aber No-Eyes, die Menschen, sie waren verstümmelt – ganz zerfetzt und blutig. Sie schrien und schrien. Sie trampelten übereinander und ...»

«Ich weiß.»

Schweigen. Ich dachte an das Entsetzliche, das ich gesehen hatte.

«Jetzt weiß *und* fühlt Summer.»

«Ich werde nie das schreckliche Geräusch vergessen, das dieser Riß gemacht hat.»

«Mutter Erde ist schwer verletzt worden.»

«Ja, wurde sie und wird sie werden.»

«Das ist nur ein kleiner Teil.»

«Ich glaube, darüber will ich nicht reden.»

«Es scheint, daß Summer über viele Dinge nicht reden will!»

«Laß uns über etwas anderes sprechen.»

«Nee.»

«Warum?»

«Du kannst den Kopf nicht in den Sand stecken. Die Dinge kommen sowieso. Summer kann sich nicht verstecken. Davon gehen die Dinge nicht weg.»

«Das weiß ich, No-Eyes. Bitte, nicht jetzt.»

Schweigen.

«Bitte!» bettelte ich. Die Szenen waren in meinem Kopf zu lebendig. Ich war zu erschüttert und wollte es einfach vergessen – für den Moment.

«Okay, aber Summer muß daran denken, wir reden wieder darüber.»

«Danke.» Ich atmete erleichtert auf. Ich wußte, daß das Thema wahrscheinlich eine weitere Lektion sein würde. Das wollte ich sicher nicht, solange das Entsetzen so frisch in meinem Gedächtnis war. Ich bewunderte die alte Chippewa dafür, daß sie meine Gefühle respektierte.

«Summer hat das Thema aufgebracht. Sprechen wir über Träume.»

«Bills Führer hat uns eine Menge über Träume erzählt, No-Eyes. Vielleicht sollten wir über ein Thema reden, das er noch nicht angesprochen hat.»

«Wer ist hier die Lehrerin?»

«Nicht ich. Ich wollte nur nicht, daß du deine Zeit verschwendest.»

«Ich verschwende keine Zeit. Er spricht über *alles*. Was bleibt für No-Eyes übrig?»

«Du fügst den Themen einen anderen Blickwinkel hinzu.»

«Das stimmt. Deswegen verschwende ich keine Zeit. Wir sprechen jetzt über Träume.»

«Also gut.»

«So ist es besser.»

«Da du auf diesem Thema bestehst, habe ich doch eine bohrende Frage.»

«Welche?»

Ich dachte nach. Ich wollte mit ihr spielen. «Sag *du* mir, wie meine Frage lautet.»

«Wieso? Ein Spiel?»

«Mmh», neckte ich sie.

Sie grinste. Sie antwortete nicht, sah mich aber fest an. Ihre blinden Augen waren dunkle Spiegel, die mein Bild reflektierten.

Ich wartete.

Das Grinsen wurde breiter. «Summer möchte was über den Todestraum wissen.»

«Gut, sehr gut. Nun, was will ich darüber wissen?»

«Dies ist ein langes Spiel.»

«So lang auch wieder nicht.»

Schweigen.

Warten.

«Summer will wissen, warum der Tod nicht eingetreten ist.»

«Du bist unglaublich.» Ich lachte.

Sie lachte. «Nein. So sind die Dinge halt. Kein Zauber. Es ist natürlich.»

«Du bist dennoch erstaunlich.»

«Summer kann eines Tages dasselbe.»

Ich rollte meine Augen, als ob ich sagen wollte, ja klar.

«Das ist keine Art zu glauben. Summer kann diese Sachen auch.»

«Ich kann es schon. Ich kann es nur nicht so an- und abstellen wie du.»

«Das kommt noch.»

«Was ist mit dem Traum?»

«Mit welchem Traum?»

«No-Eyes!»

«Summer hat oft von einem Todesfinger geträumt, der auf Bills Grabstein zeigt. Er hat das richtige Geburtsdatum. Er hat ein Todesdatum. Na und!»

«Aber das Geburtsdatum war richtig! Das Todesdatum war im Jahr 1983! No-Eyes, ich habe mich das ganze Jahr lang darum gesorgt, daß er sterben würde! *Alle* meine Todesdaten waren bisher fehlerfrei. Was ist mit seinem geschehen?»

«Summer hat die Sachen zum Stillstand gebracht.»

«Wie konnte ich das? Wie denn?»

«Summer hat das Jahr auf dem Grabstein gesehen. Hat Summer auch den Tag gesehen?»

«Nein, nur das Jahr. Ich sah, daß er in dem blauen Lieferwagen sterben würde. Er fuhr im Winter einen Berg hinunter. Ich habe mir jedesmal Sorgen gemacht, wenn er hinaus in die Berge fuhr.»

«Ich werde Summer den Tag sagen, an dem er gehen sollte. Es war der 31. Dezember.»

«Das ist Silvester!»

«Ja.»

«Ich hab mir das ganze Jahr lang Sorgen gemacht, und er sollte erst am *letzten* Tag sterben?»

«Ja.»

«Wodurch wurde das verhindert?»

«Das soll *Summer* erzählen.»

Ich dachte nach. Bill hatte tatsächlich am Silvesterabend einen

Reparaturauftrag. Es schneite leicht. Mrs. Unser hatte irgendwelche Probleme mit ihrem Thermostat. Bill sagte ihr, daß er gleich kommen würde, um einen neuen einzubauen. Er fragte mich, ob ich mitfahren wollte. Ich wollte mit. Ich fuhr oft mit ihm, wenn er seine Aufträge hatte. Wir waren gern zusammen. Mrs. Unser lebt in einem hübschen Haus unten am Utepaß. Ihre Auffahrt ist sehr steil und liegt direkt hinter einer scharfen Paßkurve. Wir nahmen die Kurve und bogen in die Auffahrt hinauf. Wir waren schon fast bis oben gekommen, als die Reifen auf dem dicken Eis durchzudrehen begannen. Der Lieferwagen rutschte. Bill bremste. Der Lieferwagen rutschte. Er rutschte wieder bis zu der vielbefahrenen Paßstraße hinunter. Ich hatte meine Tür auf und schaute hinaus, während wir rückwärts auf die Straße zu rutschten. Ich war ruhig, und es war mir nicht bewußt, wie nervös Bill gewesen war. Einen halben Meter vor der vielbefahrenen Straße blieb der Wagen endlich stehen.

«Sieht Summer es jetzt?»

«*Dann* wäre er gestorben?»

Sie nickte.

«Aber ich war bei ihm!»

«Ja. Das hat die Wahrscheinlichkeit verändert. *Du* warst damals noch nicht bereit zu gehen.»

«Du willst mir sagen, daß er nur lebt, weil ich in der Nacht bei ihm war?»

«Ja. Warum hatte Summer keine Angst, als der Lieferwagen rutschte?»

«Ich weiß nicht. Bill hat mich das gleiche gefragt. Ich hatte meine Tür auf, und ich habe einfach zugeschaut, wie wir hinunterrutschten. Ich habe überhaupt nicht daran gedacht, daß wir nicht rechtzeitig halten würden.»

«Summer hat solche Sachen nicht gedacht, weil Summer den Lieferwagen bearbeitet hat. Summer hat den Lieferwagen angehalten.»

«Nicht bewußt. Ich habe keine Energie in die Bremsen geschickt.»

«Das sind keine Dinge, über die Summer *nachdenkt*. Summer macht solche Dinge mit dem Instinkt.»

«Also habe ich es jedenfalls gemacht. Darum hatte ich keine Angst.» Ich war ein paar Minuten still. Ich hatte unbewußt meine Energien auf die Bremsen gerichtet.

Dann dachte ich an einen anderen Vorfall, der sich ereignet hatte, als ich Sekretärin bei einem örtlichen Makler war. Ich saß an meinem Schreibtisch und sprach mit einem Agenten, der ein Interesse an außersinnlichen Wahrnehmungen zu haben schien. Wir sprachen über eine ungewöhnliche Erscheinung, eine Brise, die er gelegentlich in dem Laden auf seinem Campingplatz erlebte. Mike sagte, daß auch anderswo, in bestimmten Blockhütten, ein geisterhaftes Wesen zu entdecken sei. Er fragte mich, ob ich einverstanden sein würde, dort hinauszufahren und zu versuchen, die Ursache aufzuspüren und möglicherweise zu identifizieren. Während wir sprachen, sauste plötzlich der kleine Taschenrechner, der am Rand meines Schreibtischs lag, davon. Ich fing ihn gerade noch rechtzeitig. Mike war verblüfft. «Das hast du bewußt gemacht, nicht wahr?» Ich lachte über diese Vorstellung. Ich leugnete es, aber er war nicht überzeugt. Jetzt fragte ich No-Eyes danach. «Habe ich je etwas bewegt, ohne es zu bemerken?»

«Was denkt Summer darüber?»

Ich erinnerte mich an andere Vorfälle. «Ja, habe ich.»

«Summer muß mehr Kontrolle lernen. Summer ist aufgeregt, und man kann nicht lernen, Energien zu kontrollieren, wenn man aufgeregt ist. Die Energien fliegen in alle Richtungen davon und stoßen dann Sachen an.»

«Nun, ich schätze, daß ich mir dessen bewußter werden muß. Und ich hoffe, ich habe keine solchen Träume mehr, wenigstens nicht über Bill.»

«Nee.»

«Wie kannst du da so sicher sein?»

«Bill hat alle Wahrscheinlichkeiten aufgebraucht. Er hat nur noch eine übrig, die letzte.»

«Kann ich fragen, wann das ist?»

«Summer kann fragen. Ich sage es nicht.»

«Warum nicht?»

«Es ist dann, wenn Summer auch geht. Dann, wenn die ganze Familie bereit ist zu gehen.»

«Das ist eine Erleichterung!»

«Wieso? Wieso Erleichterung?»

«Weil, und das sind Vermutungen, wir eine Menge durchgemacht haben. Wir haben noch gewisse Dinge zu tun. Wir werden hier sein, um zu führen und zu trösten. Wir werden erst in vielen Jahren gehen. Sag mir, ob ich recht habe.»

Schweigen.

«Ach komm, No-Eyes, soviel kannst du wenigstens sagen. Habe ich recht?»

Sie nickte.

Sofortige Erleichterung! Unser Freund hatte mir erzählt, daß jeder mehrere vorbestimmte Möglichkeiten hat zu sterben. Dies sind Wahrscheinlichkeiten, die als Wegmarken am Rande unseres Lebenspfades stehen. Da es nur Möglichkeiten sind und keine konkreten Tatsachen, gibt es Raum für Veränderungen. Offensichtlich war Bill bereit gewesen, sich einem seiner Todesschilder zu nähern, aber ich war es nicht. Da ich bei ihm war, veränderte sich seine Wahrscheinlichkeit, und er durfte ungehindert an dem Schild vorbei. Ich danke Gott, daß ich in der Nacht mit ihm ging.

«Danke, No-Eyes.»

«Hmm. Summer hat aus No-Eyes viel herausgeholt, was No-Eyes gar nicht sagen wollte.»

«Das liegt daran, daß wir so gute Freundinnen sind.»

«Hmm.»

«Richtig?»

«Summer hat recht.» Sie seufzte.

«Werden wir immer noch über Träume sprechen?»

«Denkt Summer, daß No-Eyes ihre Meinung ändert?»

«Nein.»

«Gut! Nun, Summer träumt jede Nacht. In vielen Träumen geht Summers Seele hinaus in die Zukunft. Summer sieht die Veränderungen auf Mutter Erde. In vielen Träumen geht Summers Seele hinaus in die Vergangenheit. Summer sieht einen Spielkameraden, einen ägyptischen König. In vielen Träumen sagt Summers Seele, was im Leben falsch ist, was im Leben nicht gut ist.»

«Ja, aber nicht immer.»

«Summer denkt, daß viele Träume ganz durcheinander sind.»

«Ja, sie sind zu verworren, um sie zu interpretieren.»

«Hat er Summer gelehrt, wie man das macht?»

«Unter anderem, ja.»

«Summer hat ihn nie nach dem Traum gefragt, in dem sich der Himmel bewegte.»

«Nein, habe ich nie. Möchtest du mir den erklären?»

«Erzähl mir erst von deinen Gefühlen.»

«Nun, jedenfalls werde ich ihn mit Sicherheit nie vergessen. Es war kurz nachdem wir nach Colorado gezogen waren. No-Eyes, es war so wunderschön. Ich sah den Himmel über mir, es war Nacht. Es waren keine Himmelskörper da; kein Mond, Planeten oder Sterne. Statt dessen waren in einem großartigen riesigen Kreis die lebenden, wogenden Figuren der zwölf Tierkreiszeichen. Sie waren lebendig und schimmerten in pulsierenden, strahlenden Farben. Die gesamte astrologische Szene war schöner, als ich sie beschreiben könnte. Dann war sie weg. Ich wachte auf und lag lange da und versuchte verzweifelt, die unglaubliche Schönheit der Vision zu erhalten.»

«Was für Gefühle?»

«Schönheit. Alles, was ich denken konnte, war, wie schön es war. Ich dachte, es wäre etwas Besonderes, aber der Aspekt der Schönheit war das, was mir blieb.»

«Hat Summer keine anderen Gefühle gehabt?»

«Ich vermute, daß es mich getröstet hat. Ja, ich spürte, wie sich eine Art Frieden in mir breit machte.»

Sie nickte und grinste. Ich erwiderte das Lächeln.

«Summer ist so gut darin, die Träume anderer Menschen zu interpretieren. Warum sieht Summer nicht die Dinge in diesem?»

«Zu der Zeit, zu der Zeit dieses Traums, hatten wir es wirklich schwer mit dem Leben. Bill konnte keine Arbeit finden, und wir hatten die meisten Ersparnisse, die wir für unser Land in den Bergen nutzen wollten, bereits aufgebraucht. Wir mußten dieses Geld nehmen, um davon zu leben. Wir waren traurig und frustriert. Jetzt sehe ich, daß die vereinten Himmelsmächte Trost gaben. Richtig?»

«Ja. Aber was soll's! Der Trost taugt nichts, wenn Summer ihn erst Jahre später sieht.»

«Ach ja.» Darüber dachte ich nach. «Dennoch habe ich Trost daraus bezogen. Ich habe oft tagsüber an diese wunderbare Vision gedacht. Ich habe viele Male an sie gedacht.»

«Dann hat sie etwas bewirkt.»

«Ja. Sie hat gewirkt, ohne daß ich es je wußte.»

«So ist das mit den Dingen.»

«Vermutlich. No-Eyes, Bill hatte einen Traum von seinem Freund, Rick. Er hat geträumt, daß Rick einen Unfall haben würde, bei dem sein Bein ums Knie herum schwer verletzt werden würde. Ist diese Wahrscheinlichkeit vorbei?»

«Wieso?»

«Wenn nicht, wird Bill ihn noch einmal daran erinnern.»

«Nicht nötig. Einmal ist genug.»

«Danke.»

«Die Leute müssen wissen, wie man Träume liest.»

«Das ist die Kehrseite der Medaille.»

«Was ist das?»

«Entschuldigung. Das ist eine andere Angelegenheit.»

«Summer muß den Leuten diese Sachen sagen.»

«Das ist nicht so einfach, No-Eyes.»

«Es ist einfach. Summer kann ein Buch schreiben.»

Ich lachte. Auch wenn es für mich nicht wirklich komisch war. «Das ist bestimmt nicht einfach.»

«Summer ist Schriftstellerin, Summer schreibt. So einfach ist das.»

«No-Eyes, ich kann schreiben, bis meine Hand abfällt. Das habe ich sogar schon getan. Schreiben ist nur der Anfang. Das Geschriebene ein Buch werden zu lassen, ist der schwierige Teil.»

«Warum? Es gibt viele Bücher.»

«Ich versuche das seit Jahren, No-Eyes, es ist wirklich nicht so einfach. Tausende von Schriftstellern versuchen, Bücher gedruckt zu bekommen. Es ist schwierig. Es sind zu viele Leute, die es versuchen.»

«Summer kann es.»

Ich seufzte.

«Hmm?»

«Nun, außerdem gibt es bereits verschiedene Traumbücher.»

«Sind sie richtig?»

«Ich kenne nur ein richtiges.»

«*Eins?* Ein Buch, das ist alles?»

«Ja, aber die Leute können nicht erkennen, welche richtig sind. Das ist ein ungutes Gefühl. Sie wollen ihre Träume interpretieren und lassen sich dabei von den falschen Büchern leiten. Sie benutzen lauter falsche Symbole.»

«Summer kann das richten.»

«Ich glaube nicht, No-Eyes. Warum sollten sie eher meinem Buch glauben als einem anderen?»

«Weil Summer recht hat! Darum!»

«Damit sind wir wieder am Ausgangspunkt. No-Eyes, sie würden nicht wissen, daß meins das richtige ist.»

«Sie wissen! Sie wissen es hier!» Sie klopfte auf ihre Brust.

Tiefes Seufzen. Ich liebte die alte Dame inniglich. Wir hatten Probleme. Es gab Zeiten, wie jetzt, in denen wir unsere Köpfe aneinander knallten wie Steinböcke im Kampf. Das Knallen unserer ätherischen Hörner ergab ein fast hörbares Echo, das an den Wänden der Hütte hin und her sprang. Es war mir unmöglich, sie von der gewaltigen Konkurrenz in der Verlagswelt zu überzeugen.

Vielleicht konnte sie etwas sehen, was ich nicht sehen konnte. Ich bezweifelte jedenfalls nicht die Möglichkeit, daß ich ein Buch zusammenstellen könnte, das auf der Traumsymbolik von No-Eyes und meinem Freund beruhte. Was ich aber bezweifelte, war, daß ich es je verlegt bekommen würde. Ich schob die Idee beiseite. Ich hatte im Moment wirklich genug zu tun. Ich beruhigte sie. «Ich werde darüber nachdenken.»

«Das ist nicht gut genug.»

«Für jetzt muß es reichen. Meinst du nicht, daß ich erst mal für eine Weile genug zu tun habe? Meine Lektionen hier brauchen auch eine Menge Zeit.»

«Sprechen wir über etwas anderes.»

«No-Eyes, du hast mir nicht geantwortet.» Diesmal war ich diejenige, die auf eine Antwort drängte.

«Wir werden sehen. Vielleicht, vielleicht auch nicht.»

Das war immer ihre vage Art zu sagen, daß ich recht hatte – im

Augenblick; aber letzten Endes würde sie recht haben. Ich haßte diese Art von Antworten, die in der Luft hängen blieben.

«Okay. Dann machen wir weiter.»

«Was will Summer jetzt wissen?»

«Aimee hatte vor ein paar Jahren einen Traum. Ich möchte wissen, ob ich ihn richtig interpretiert habe.»

«Welcher Traum? Aimee hat schon viel geträumt.»

«Den Traum, in dem sie ein Seil aus der Wand kommen und wieder zurückgehen sah.»

«Das war kein Traum. Das hat sie *gesehen!*»

«Danke. Das habe ich ihr auch erklärt.»

«Hat sie es geglaubt?»

«Natürlich hat sie es geglaubt. Meine Kinder sind nicht dämlich.»

«Hat sie es vielen Leuten erzählt?»

«Natürlich nicht! Das täten sie nie.»

«Gute Kinder. Sie haben Glück.»

«Ich bin mir da nicht so sicher.»

«Was soll *das* heißen?»

«No-Eyes, ein Haufen Leute da draußen glauben nicht an diese besonderen Dinge. Sie glauben nicht, daß die Seele ein Erbe mit sich trägt. Wenn ein Kind diese Fähigkeiten hat, glaubt es, daß alle darüber Bescheid wissen. Wir haben erklären müssen, daß viele Menschen nicht daran glauben. Die Mädchen müssen sie verschweigen. Das ist schwierig für Kinder.»

«Sie haben immer noch Glück. Stell dir vor, wie die Welt aussieht, wenn die Gaben *aller* Kinder umsorgt sind. Wenn *niemand* ihnen die Sachen ausredet!»

«Ja, es gäbe viel mehr Achtsamkeit, nicht wahr?»

«Hmm, die Leute sind dumm.»

«Wir kommen wieder zu dem Kreis, No-Eyes.»

«Wir kommen in viele Kreise, Summer. Eines Tages hört das auf.»

«Das wäre schön.»

«Es kommt. Es kann gar nicht anders.»

Ich hätte gerne geglaubt, daß sie sich auf ein allgemeines Erwachen von Bewußtheit in der Öffentlichkeit bezog. Aber ich wußte, daß sie über ein viel ernsteres Thema sprach. «Ich weiß. Können wir später darüber sprechen? Du lenkst uns zurück zu meinem Traum.»

«Summer weiß das, he.»

«Manchmal bist du sehr durchschaubar.»

«Summer kennt No-Eyes jetzt zu gut.»

«Ich könnte dich nie zu gut kennen. Ich glaube, das könnte niemand.»

«Der Tag wird kommen, an dem Summer genug weiß.»

«Ich könnte mein ganzes Leben mit Lernen verbringen und immer mehr dazu lernen.»

«Summer lernt von No-Eyes alles, was No-Eyes lehren kann. Der Tag kommt, an dem No-Eyes fertig ist.»

«Du weißt so viele wunderbare Dinge. Du lernst aus so vielen schönen Quellen. Ich werde noch viel von dir lernen können.»

«Nee.» In dieser einen Silbe lag ein Anflug von Traurigkeit.

«Nun», versuchte ich es weiter, «dann werde ich auch herkommen, wenn meine Lektionen vorbei sind, und dich einfach wie eine Freundin besuchen.»

Schweigen.

Ich ergriff die runzelige, braune Hand. «No-Eyes, wir werden immer Freundinnen sein, besondere Freundinnen. Ich werde hier heraufkommen, und wir werden den ganzen Tag mit dem Falken fliegen!»

Schweigen.

«Wir werden hinausgehen und Beeren pflücken und dann Marmelade kochen! Wir werden uns wieder zu den Bibern gesellen! Wir werden wieder in die Sonne gehen! Wir...»

«Summer!»

Ich zog mich zurück.

Sie wurde weicher. «Summer, ich werde nicht immer hier sein.»

«Wie meinst du das? Wohin würdest du gehen?»

«No-Eyes wird alt.» Sie war traurig, klang jedoch, als ob sie es vollkommen annähme.

«Wenn das alles ist, was dich bekümmert: Wir können dich versorgen. Du könntest mit uns leben kommen, wir würden uns um dich kümmern.»

Schweigen. Ich forschte in den dunklen, nebligen Teichen. Ich sah sehr tief. Und was ich sah, erfüllte mein Herz mit einer Schwere, wie ich sie noch nie gekannt hatte. Es füllte meine Seele mit einer große Leere. Es füllte meinen Hals mit einem dicken Kloß. Ich weinte.

Die Reise am Wegrand

Mögest du die Stimme im Innern dankbar anerkennen und auf ihre Kraft und Weisheit horchen.

An einem besonders strahlenden Herbstnachmittag entschloß ich mich spontan, No-Eyes zu besuchen. Unterwegs lenkte ich den Wagen ein paarmal auf den Granitschotter am Straßenrand, um mich psychisch den intensiven Schwingungen anzupassen, die die Natur frei ausstrahlte. Die Landschaft der Umgebung war in ihrer Schönheit so wach, daß sie das Seilziehen mit meinen Sinnen gewann. Ich mußte anhalten, um sie zu bewundern. Sie wußte genau, daß sie mich mit ihrem umwerfenden Liebreiz anzog, und ich gab ihrer Eitelkeit nach.

Die Berghänge rundherum glühten in einem flammenden Inferno, das der Herbst so glorreich zur Schau stellt. Es hatte den Anschein, als ob ich ein mikroskopisches Wesen wäre, das unabsichtlich auf den versteckten Schatz eines Seeräubers gestoßen war. Ich war völlig in ein schimmerndes Universum von Reichtümern eingehüllt, das viel weiter reichte, als es das endliche Verständnis des Menschen erfassen kann. Vorsichtig ging ich den Berg hinab, um mich von den ablenkenden Geräuschen der Autos auf der Landstraße über mir zu entfernen. Als kein Autolärm mehr zu hören war, ruhte ich mich auf dem laubbedeckten Waldboden aus und trat andächtig in die hypnotisierende Wesenheit des Herbstes ein. Ich weiß nicht, ob der Geist des Herbstes mich gefunden und wie ein allumschlingender, durchscheinender, landwärtsrollender Nebel verschlungen hat, oder ob ich in seinem Schleier aus hauchdünnen Fasern eine geheime Eingangsstelle gefunden hatte. Die genaue Verfahrensweise ist mir letzten Endes unwichtig. Denn ich habe gelernt, daß der Versuch, die verwobenen Zusammenhänge dieser spirituellen Finessen der Natur zu verstehen, vollkommen vergeblich ist. Statt dessen habe ich mich auf die vereinfachende Haltung des Hinnehmens zurückgezogen.

Während ich der Natur gern erlaubte, meine fremde Anwesenheit in ihrem Sein aufzunehmen, spürte ich eine gewisse unhörbare Kommunikation mit einer alles durchdringenden Macht. Diese ungenannte Kraft zeigte sich vor allem durch eine bizarre Leichtigkeit der Sinne. Es war, als ob mein ganzes Sein sich in alle Richtungen ausdehnte und mein begrenzter Verstand sich durch eine plötzliche Metamorphose in einen Ort der Fülle verwandelt hätte, einer Fülle, die die Bandbreite meiner Hör- und Sehfähigkeit ungemein vergrößerte. Ich entdeckte bald, daß dieses Gefühl die vollkommene Bewußtheit war.

Ich öffnete meine Augen und stellte fest, daß die Wesenheit noch in mir war. Die Pracht, die ich vor mir sah, ist mit schlichten Worten nicht zu beschreiben. Kein Adjektiv könnte auch nur annähernd die vollkommene Schönheit des vor mir liegenden Anblicks wiedergeben.

Die Berghänge flimmerten in wogenden Farben. Die Espen hatten ihren Höhepunkt erreicht und erleuchteten die schimmernde Atmosphäre mit ihren Strahlen. Das Rot von Rubinen flirrte durch das Laub von Amethyst und goldenem Beryll. Die hohen immergrünen Bäume schimmerten darin verstreut wie Jadesteine. Die Schattenflecken blitzten wie tanzende Hämatitsplitter. Das Orchester der Natur spielte eine Symphonie lebendiger Schwingungen, die ihre goldenen Töne in den empfangenden, türkisfarbenen Himmel hinauf strahlten.

Tief unten, in dem engen Tal unter mir, war alles Leben ein ständig sich wandelndes Kaleidoskop zitternder Schwingungen. Der gewundene Bachlauf schlängelte sich traumwandlerisch durch das dichte Gebüsch und Unterholz. Die blendende Sonne stieß machtvoll auf die Wasseroberfläche, die leuchtende Diamanttropfen losschickte, die sich in der flimmernden Luft verteilten. An einem unsichtbaren, aber genau dafür bestimmten Punkt zersplitterten diese zarten Tröpfchen wie durchscheinendes Kristall und fielen mit dem Klingeln von Tempelglöckchen auf den wartenden Teppich smaragdgrünen Lehms. Der milde Herbstwind berührte mein Sein an den verschiedensten Stellen. Er umhüllte mich nicht wie sonst. Ich spürte dem nach und stellte fest, daß der Wind sich aus Millionen von Luftgeflüstern zusammensetzte, die alle versuchten, mich in die Geheimnisse der Natur einzuweihen. Ich hörte angespannt zu, aber mein ungeschulter Geist konnte ihre individuellen Bedeutungen nicht unterscheiden. Ich nahm diese Weisheitsgaben an, so wenig ich auch über ihre Gesamtheit wußte, und fand mich plötzlich wieder in mir selbst. Irgendwie hatte ich meinen Weg ins Äußere der Wirklichkeit zurückgefunden. Ich hatte Wirklichkeit gesehen, und ich lebte mein Alltagsleben ganz sicher außerhalb von ihr. Die Brise, die mein Gesicht wärmte, war wieder eins und typisch für einen normalen friedlichen Herbsttag in den Bergen.

Auf der Fahrt zu No-Eyes' Hütte machte ich mir nicht die Mühe, das, was mir da hinten auf dem stillen Berghang widerfahren war, zu ordnen. Ich wußte, daß No-Eyes die passende Antwort haben würde, wenn ich es wirklich wissen wollte. Ich war nicht einmal davon überzeugt, daß ich ihr von meiner mystischen Vereinigung mit der Natur erzählen würde. Ich war nicht sicher, ob ich überhaupt irgend jemandem davon erzählen würde. Im Moment wollte ich nur in der Freude schwelgen, die von meiner Erfahrung zurückgeblieben war. Ich war in einem psychischen «high». Vielleicht war das meine erste offizielle Begegnung mit einem Rocky Mountain-High. Was immer es war, was auch immer es ausgelöst hatte, ich wollte es wieder und wieder finden.

Ich parkte meinen Wagen an der üblichen Stelle und summte ein Lied von John Denver, während meine Füße den Weg zu No-Eyes' Tür fast tänzelnd zurücklegten. Sie war nicht draußen, und ich klopfte sanft an ihre Tür. Sie rief mich herein.

«Komm rein, Summer, was hat dich aufgehalten?»

Mein Herz sank wie Blei im Wasser, als mir klar wurde, daß mein privates Ereignis für die alte Weise wahrscheinlich Gemeinwissen war. Ich streckte erst mal meine Fühler aus: «Oh, ich habe nur angehalten, um mir die Herbstfarben anzuschauen. Aber du wußtest, daß ich komme, nicht wahr?»

No-Eyes schaute nicht einmal in meine Richtung, sondern strickte ohne die geringste Pause weiter. «No-Eyes hat den Berg gehört. No-Eyes hat gehört, was geflüstert wurde. Das ist alles.»

Ich stieß nach. «Sag mir doch, alte Freundin, hat der Berg dir noch etwas erzählt?»

Immer noch rumpelte und quietschte ihr Schaukelstuhl, ohne seinen ungleichmäßigen Rhythmus zu unterbrechen. Sie strickte, ohne abzusetzen und ohne in meine Richtung zu schauen. «Was gibt es noch zu hören, he, Summer? Was hat der Berg noch zu sagen?»

Erleichtert atmete ich auf. Ihre mystische Klatschleitung war diesmal unvollständig gewesen. Mein Geheimnis war noch sicher. Ich schaute wieder in ihre Richtung, und sie starrte mich sichtlos an. Das unaufhörliche Klappern ihrer schnellen Nadeln hatte mitten in einer Masche aufgehört, der Schaukelstuhl stand so still wie eine Statue. Wir gefroren in der Zeit. Sie grinste und nahm ihre Arbeit wieder auf. «Summer ist wütend, daß der Berg ihr Geheimnis verdorben hat, he, Summer?»

Für den Bruchteil einer Sekunde dachte ich, daß sie mein Geheimnis in Wirklichkeit doch kannte. Als sie dann sprach, wurde mir klar, daß sie sich auf meinen überraschenden Besuch bezog. «Nun, ein bißchen enttäuscht bin ich schon», antwortete ich.

Sorgfältig legte sie ihre Arbeit weg und bedeutete mir, mich neben sie zu setzen. Ich zog einen zu dick gepolsterten Stuhl heran und ließ mich darauf nieder. Sie wechselte sofort das Thema und begann mit der nächsten Lektion.

Wenn die alte Chippewa sprach, war sie so lebendig wie ein Zeichentrickfilm von Walt Disney. Ihr Gesichtsausdruck diente immer dazu, ihre Worte zu unterstreichen, und obwohl ihre Augen blind waren, funkelten und tanzten sie entsprechend ihrer Erzählung. «Heute wird Summer über eine Insel in dir selbst lernen.»

«Aber darüber hast du mir bereits alles gesagt», erinnerte ich sie schnell.

No-Eyes' Gesicht wurde ernst. Ihre buschigen Brauen zogen sich zu einem grauen V zusammen. Sie spitzte ihre dünnen Lippen und schlug mit der Hand auf die Lehne des Schaukelstuhls. «Summer! Ich weiß, was ich schon gesagt habe!»

Ich entschuldigte mich dafür, sie so unhöflich unterbrochen zu haben. Ich schämte mich dafür, unterstellt zu haben, daß sie eine Lektion wiederholen wollte. No-Eyes wiederholte sich nie, wenn ich nicht ausdrücklich um weitere Erläuterungen zu einem bestimmten Punkt bat, dessen Verständnis mir Schwierigkeiten machte. «Tut mir leid, alte Freundin! Tut mir wirklich leid. Ich glaube, ich war einfach zu begierig.»

Ihr finsterer Blick glättete sich, und die Kraft hinter ihren Augen wurde weicher. «Du bist zu oft zu begierig. Du brauchst eine Lektion in Geduld. Aber nicht jetzt, jetzt soll Summer von der inneren Insel hören.» Sie klopfte mit einer knochigen Faust auf ihre Brust. Die Lektion begann. Sie war die Unterweisende mit uralter Weisheit in ihrem Kopf und ich die Lernende, die verzweifelt versuchte, das alles in den Kopf hineinzubekommen. Um der leichteren Lesbarkeit willen und zum besseren Verständnis von No-Eyes' Worten, werde ich ihre Lektion in meiner eigenen Sprache wiederholen.

Vor langer Zeit, vor vielen, vielen Monden, war der Große Geist einsam. Er fühlte sich allein, so allein, daß er beschloß, sich Gesellschaft zu erschaffen. Diese Gesellschaft würde ihm großen Trost, Respekt und Liebe geben. Zuerst schuf der Große Geist die Lichter in den Himmeln. Dann formte er alles Leben auf diesen Lichtern. Manche Lichter hatten kein Leben, aber viele doch.

Der Große Geist wollte etwas, das ihm selbst ähnlicher war. Er schüttelte sich. Als er diese großartige Bewegung machte, flogen Millionen von Funken aus seinem glühenden Sein. Diese Funken waren genaue Abbilder von ihm selbst. Er war zufrieden, daß er nach seinem Ebenbild erschaffen hatte, und er ruhte sich aus und schaute zu.

Diese Funken des Großen Geistes waren Seelen, Seelen Gottes. Diese Seelen wanderten viele Jahre herum und begannen, sich zu langweilen. Sie sahen, daß die Tiere körperliche Empfindungen hatten und waren über diesen Mangel bei sich selbst unzufrieden, sie wurden eifersüchtig. Sie dachten, daß auch sie, wenn sie in diese Tiere eintreten könnten, die Körper so genießen könnten wie die Tiere.

Da wurde die erste Große Sünde begangen.

Nun wanderten viele unförmige Geschöpfe auf dem Planeten umher. Katzen mit Flossen, Einhörner, Pferde mit Flügeln, alle Formen von Mischungen setzten sich durch. Die Seelen wußten, daß sie einen ernsten Fehler begangen hatten, aber sie hatten keine Macht, ihn zu korrigieren.

Der Große Geist zürnte. Dann nahm er gewöhnliche Erde und formte fünf Männer in fünf unterschiedlichen Farben. Dann schuf er ihnen Gefährtinnen und sagte: «Geht und verteilt euch auf dem Land. Ich habe euch Leben gegeben. Ich gebe euch all das nötige Wissen, um eigene Völker zu werden. Geht und reinigt das Land, das eure Brüder entweiht haben. Ihr werdet nach meinen Gesetzen leben. Eure Seelen können nicht zu mir zurückkehren, bis sie selbst viele Male zum Land zurückgekehrt und geläutert sind.»

So hatte Gott fünf menschliche Formen in brauner, roter, schwarzer, gelber und weißer Hautfarbe geformt. Die Männer nahmen ihre Frauen und reisten weit über die Länder, verteilten sich, um sich niederzulassen und Menschenvölker zu bilden. Im Lauf der Zeit wurden durch das Geschenk der Weisheit all die absonderlichen Eigenschöpfungen in die menschliche Form transformiert.

Es entwickelten sich schnell Zivilisationen, und es entstand rasch eine Technologie. Die schritt so geschwind voran, daß die Leute auf das Wissen anderer Völker neidisch wurden. Bald hatte der Fortschritt mit der Entwicklung eines großen Kristalls, der ein ganzes Volk mit Energie versorgen konnte, seinen Höhepunkt gefunden. Dieser Kristall sollte schließlich ihr Untergang werden, da er die Länder auseinanderbrachte und die Zivilisation verschwinden ließ.

Der Große Geist zürnte wieder und wählte aus jeder der fünf Völker eine reine Familie. Er gab ihnen genaue Anweisungen und schickte dann Wasser über das ganze Land. Die fünf reinen Familien hatten alle Arten von Tieren und Pflanzen gerettet, und als das Wasser zurückging, begann der Aufbau neuer Völker.

Ich war von No-Eyes' Erzählung fasziniert. Dies war mit Sicherheit ganz anders als die typischen indianischen Geschichten, die ich gelesen hatte. Ich fragte sie, wo sie sie gehört hatte und warum sie sie glaubte, was mich noch mehr verwirrte.

«Der Geist des Berges hat sie mir vor langer Zeit erzählt. Die Berge lügen nicht. No-Eyes weiß, daß das wahr ist – der Wind hat es gesagt.»

Dann erklärte die alte Frau, wie die Seele des Großen Geistes in jedem menschlichen Wesen lebt. Mit großer Lebhaftigkeit und vielen Details führte sie aus, warum wir unser Leben nach Gesetzen des Großen Geistes leben müssen.

Jeder Mensch auf Erden muß wiedergeboren werden, um für alle Ewigkeit in Gottes Seele zurückkehren zu können. Wir alle haben, da die Große Sünde begangen worden ist, diesen Fleck auf unseren Seelen, und um rein zu sein, muß er vollkommen ausgelöscht werden. Das ist jedoch nur ein Aspekt des Problems. Um wiedergeboren zu werden, müssen unsere Seelen, die nie sterben, immer wieder in menschlichen Körpern wiedergeboren werden, um alle unreinen Flecken aus dem früheren Leben auszugleichen. No-Eyes sprach mit anderen Worten über die Reinkarnation der Seele. Die Abrechnung war das einzige Kriterium für den Wiedereintritt in das Wesen Gottes oder in den Himmel. Sie erklärte, daß die Seele eines Sklavenhändlers, der ein Leben voller Grausamkeit verbracht hatte, im nächsten Leben als Schwarzer zurückkommen würde, um dieses Unrecht wieder gut zu machen. Diese Theorie der Abrechnung nennen manche Karma. Sie selbst jedoch bezeichnete sie nur als «Ausgewogenheit». Sie sagte, daß jede Gabe oder Charaktereigenschaft, die du mißbrauchst, im nächsten Leben gegen dich mißbraucht werden wird. No-Eyes verwies auf das Große Buch der Aufzeichnungen, das alles enthält, wofür jede Seele seit ihrer ursprünglichen Erschaffung verantwortlich ist. Ich erinnerte mich daran, über Reinkarnation gelesen zu haben und stellte ihr eine Frage, die ich andere hatte fragen hören. «Wenn all die Seelen, die Gott ursprünglich erschaffen hat, nie sterben, warum gibt es dann nicht mehr Menschen auf der Erde?»

Sie sandte mir schnell ihr wunderbares, zahnloses Lächeln und antwortete verständnisvoll: «Denk nach, Summer, denk nach. Viele Seelen sind rein und vollendet. Jeden Tag werden viele rein. Sie sind glücklich im Großen Geist.»

Sie sagte, daß Tausende von Seelen mit «der Ausgewogenheit» fertig seien und in ihrer eigenen Dimension weiterexistierten. Diese Vollendeten helfen und dienen denen, die noch in der physischen Welt sind, als Wächter. Außerdem sagte sie, seien jetzt mehr Menschen hier, weil immer mehr annähernd reine Seelen lieber hier auf der Erde helfen wollen, als von der unsichtbaren Seite der Wirklichkeit aus.

No-Eyes sprach dann über die Klugheit, die darin liegt, auf die innere Seele zu hören, auf die wahre Essenz des Großen Geistes.

In jedem lebenden menschlichen Wesen pocht das strahlende Licht einer Seele, Gottes Seele. Das macht uns zu einem Teil von Gott, und unsere Körper sind nur ein Gehäuse oder ein Träger. Die Seele ist die Wirklichkeit eines Menschen. Sie ist der einzige Teil, der weiterlebt, wenn das Gehäuse abstirbt. Der Körper ist nur oberflächlich; da er jedoch einen Teil des Großen Geistes beherbergt, sollte er so andächtig versorgt werden, wie das heilige Tabernakel einer Kirche. Wenn der Körper stirbt, ist es, als ob eine alte, tote Haut abgestreift wird. Das, was übrig ist, das bleibende Leben und die Vitalität der Seele, ist vollkommen lebendig und bewußt. Diese Seele ist die Summe all der physischen Persönlichkeiten, die sie bewohnt hat. Der tote Körper ist jetzt nur noch ein kaputtes Auto auf einem Schrottplatz. No-Eyes sagte, die effizienteste Art, sich seiner zu entledigen, sei die, ihn zu verbrennen. Sie konnte nicht verstehen, warum wir darauf beharren, gutes Land für tote Körper zu verbrauchen. Der wirkliche Mensch, die Seele, lebt noch. Die lebendige Seele ist das wirkliche Leben und die wahre Persönlichkeit des Körpers.

Ich sagte No-Eyes, daß die Menschen ihre Toten aus Respekt für den Körper, der die Seele in sich beherbergt hat, begraben wollen. Das nahm sie mir nicht ab. «Sie verstehen nicht», sagte sie traurig.

No-Eyes richtete sich auf und schlug mit der Hand auf mein Knie. «Warum kommt Summer hierher?» fragte sie mich plötzlich.

«Ich komme hierher, weil ich gern mit dir zusammen bin. Du lehrst mich immer so wunderbare Dinge», antwortete ich glücklich.

«Nicht hierher!» sagte sie ziemlich heftig und zeigte auf ihren

Fußboden, «hier in die Berge!» Sie deutete mit ihren dünnen Armen in der kleinen Hütte herum.

Ich konnte ihr nicht genau sagen, warum wir alles verkauft, unsere Familienangehörigen zurückgelassen hatten und in die unbekannten Berge gezogen waren. Ich versuchte es zu erklären.

«Wir kamen, weil wir mußten.»

«Das ist keine Antwort. Wer sagt, daß Summer muß?» beharrte sie.

«Niemand hat es uns gesagt. Wir mußten einfach kommen», versuchte ich es wieder.

«Denk nach, Summer, denk nach!» ordnete sie an.

Ich haßte es, wenn sie das zu mir sagte, und sie sagte es oft. Es war eine Bitte und doch ein Befehl. Ich dachte nach. Ich dachte an die Zeit vor fast acht Jahren zurück. Ich erinnerte mich, daß von dem Moment an, als Bill und ich die endgültige Entscheidung getroffen hatten zu gehen, jede weitere Abweichung von diesem festgesetzten Kurs völlig außerhalb unserer Gewalt zu sein schien. Es schien so, als ob es uns völlig aus den Händen genommen worden war. Unser zukünftiger Pfad war beschritten. Das endgültige Dekret wurde erlassen, und es war weder widerrufbar noch mit Zusatzmöglichkeiten versehen, die eine Rückwärtsbewegung hätten auslösen können.

«Wir haben uns selbst gesagt, daß wir hierher kommen mußten», versuchte ich.

«Wer wir?» forschte sie.

«Bill und ich, wir!» verteidigte ich mich.

«Wer Bill? Wer du?» insistierte sie.

Dann führte mich ihr Frageverlauf schließlich an den Punkt.

«Wir sind Seelen», antwortete ich stolz.

No-Eyes grinste. «Summer braucht lange, um darauf zu kommen», lachte sie.

Ich stimmte verschämt zu. Ich haßte es, wenn ich mich von ihren insistierenden Fragen so verwirren ließ. Manchmal konnte ich kaum geradeaus denken. Aber sie hatte alle Zeit in der Welt, so daß ich meinen Verstand beruhigen und ihn wie einen intelligenten und logischen Computer arbeiten lassen konnte.

Die Lektion ging weiter.

No-Eyes' Frage führte zu einer Erörterung über das Befolgen der Weisheit der Seele. Die Seele weiß es am besten, sagte sie. Die alte Frau erzählte mir, daß unsere Seelen wollen, daß wir von den reinen und unschuldigen Schwingungen der Natur und insbesondere der Berge umgeben sind.

Nun, ich hatte bereits eine wirkliche Liebe für Berge und Wälder gespürt, als ich noch in Detroit lebte. Ich hatte immer davon geträumt, eines Tages in ihnen zu leben, aber das wurde immer und logischerweise als genau das betrachtet, als ein Traum.

No-Eyes verglich dann unsere Seelen mit Inseln in unserem Inneren, Inseln des Großen Geistes. Sie sagte, daß die Insel in jedem von uns die ganze Zeit mit uns spricht, aber daß kaum einmal jemand zuhört. Die Menschen grenzen sich davon ab und schließen sie aus ihrem logischen Denken aus, sogar aus ihrem Leben. Jeder Mensch kann das tun, wovon er das Gefühl hat, daß es für ihn richtig ist. Die innere Insel, die Seele, macht jeden Menschen zu einem ganzen und einzelnen Individuum. Jeder ist mit einer bestimmten Aufgabe hierhergekommen. Einer ungemein wichtigen Aufgabe, die die Seele gewählt hat. Diese Seele lenkt das physische Denken in die Richtung, in der sie sich dem gesetzten Ziel am wirksamsten nähert. Wenn wir nicht auf die Eingebungen der Seele hören, dann werden wir vermutlich unsere Mission hier nicht erfüllen, und dieses ganze Leben wäre, soweit es «die Ausgewogenheit» der Seele betrifft, verschwendet.

Die alte Frau betonte, wie unglaublich wichtig es sei, das zu tun, was es deiner Seele ermöglicht, Vollendung zu erlangen. Da die Seele die wahre Essenz deines Seins ist, sind ihre Ziele wichtiger als die Wünsche des Körpers oder die Ziele des Geistes. Nur die Seele und ihre spirituellen Errungenschaften überleben den körperlichen Tod.

Sie malte meine eigene Situation vor acht Jahren aus, als unsere Verwandten, Freunde und Nachbarn nicht ergründen konnten, warum wir eine positive Zukunft und all unseren erworbenen Besitz für eine unsichere Zukunft und nichts, das wir unser Eigen nennen konnten, verlassen wollten. Sie erinnerte mich an die Tränen und die schlechten Gefühle, die wir durch unsere Entscheidung, alle und alles zu verlassen, verursacht hatten. Und doch waren wir, sagte sie, innerlich gezwungen, den Stimmen unserer Seelen zu folgen, obwohl wir nichts hatten und nicht wußten, wo wir enden würden.

No-Eyes beendete die Lektion.

Wenn doch alle nur die einfache Tatsache begreifen könnten, daß sie selbst ihr eigener Hüter sind. Nur der Mensch selbst hat vollkommene Kontrolle über sein eigenes Schicksal. Nichts sollte die Eingebungen der Seelen beeinträchtigen. Letzten Endes muß jede Seele für ihr Versagen geradestehen. Dabei spielt es keine Rolle, ob dieses Versagen bei der Aufgabe durch die Familie zustandekam oder wegen materieller Güter, sozialer oder beruflicher Stellung oder durch die Angst, sich lächerlich zu machen. Du allein mußt dein taubes Ohr verantworten. Du allein mußt den Mut finden, dein Leben gemäß deiner Seele zu leben. Finde die Stärke, die materiellen Dinge hinter dir zu lassen. Du kannst dein Leben nicht so führen, wie es andere von dir erwarten, und dabei im Innern diese wunderbare, individuelle Insel sein. Höre nicht auf das, was andere dir darüber sagen, wie du dein Leben führen sollst. Höre auf den Großen Geist im Innern. Höre nicht auf diejenigen, die sagen, daß du dies oder jenes nicht tun kannst, nur weil du dich dann von der Norm entfernen würdest. Höre auf den Großen Geist im Innern. Habe keine Angst davor, anders zu sein. Laß dich nicht vom Spott der Unbewußten behindern. Gerate nicht durch die Gebräuche von einfachen Menschen ins Schwanken, wenn du auf den Großen Geist im Innern hören könntest. Du bist dein eigenes Universum, und Gott ist seine lebendige Mitte.

Ich verstand alles, was No-Eyes mir an diesem Tag sagte und dankte ihr sehr für ihre Geduld mit all meinen Fragen. Als ich mich anschickte, ihre heimelige Blockhütte zu verlassen, sagte ich, in der offenen Tür stehend: «Nochmals danke, alte Freundin. Wir sehen uns bald wieder.»

Sie war zu ihrem Stricken und Schaukeln zurückgekehrt. Ohne aufzuschauen, sagte sie ruhig: «Auf Wiedersehen, Summer, das war ein gutes Ereignis auf dem Berg. Es zeigt, daß du Fortschritte machst.»

Diesmal rutschte mein Herz wirklich tiefer. Die alte Frau hatte die ganze Zeit um mein Geheimnis gewußt. Na ja, wer konnte schon auf eine einsame, blinde Frau wütend sein? Ich lächelte und schloß sanft die Tür vor der Dunkelheit drinnen, die von dem Geist einer alten Frau hell erleuchtet wurde.

Das Lied des Schamanen

Mögest du den sanften Flügelschlag der Visionen spüren
und Geist und Seele ihre Botschaft wahrnehmen.

Der Herbst ist mir die liebste Jahreszeit. Die Natur schwingt sich vor ihrem langen Winterschlaf zu einer Schlußfeier des Lebens auf. Die Berghänge glühen und lodern in allen Farben. Die Winde nehmen allmählich an Kraft zu und blasen kleine Wirbelstürme in Rot- und Goldtönen über die Landstraße. Kreiselnde Blätter spielen wild und heftig mit dem Wind Fangen. Der Rauch von Holz durchdringt die kühle Luft mit einem berauschenden Duft. Der Herbst ist gekommen, um die Schau zu stehlen. Wieder einmal hat er erfolgreich den Sommer, den bisherigen Hauptdarsteller, von der Bühne gedrängt, von dem mächtigen Schauplatz des Lebens. Seine bunten Kostüme werden mit jedem Jahr, das vergeht, noch vollkommener. Er verlangt von seinem gefangenen Publikum wachsende Begeisterung. Er verlangt danach, zur Kenntnis genommen und umschwärmt zu werden, weil er weiß, daß der strahlende Glanz seiner Schönheit ohne Gleichen ist. Er ist wirklich unübertroffen. Und er bekommt immer stehenden Applaus. Anmutig drapiert er seine schnell verbleichenden Gewänder um sich und sinkt in seine letzte Verbeugung.

Ich war in Hochstimmung, als ich auf dem Weg zu No-Eyes' Hütte durch die wirbelnden Blättermassen fuhr. Die Luft war schwer von waldigen Gerüchen, die mich immer daran denken ließen, daß ich mit einem geliebten Menschen vor einem knisternden Feuer saß, während der Wind wütend an unsere Fenster klopfte. Der Herbst erregte meine Sinne, oft bis zu dem gefährlichen Punkt, an dem er meinen Verstand lähmte. Wann immer ich eine Dummheit beging, erinnerte mich Bill daran, daß es noch nicht Herbst sei. Das ist in Ordnung, jeder hat seine geistigen Tiefs. Meins ist zufällig der Herbst. Ich bin dann zu sehr damit beschäftigt, mich der Trunkenheit durch den stark berauschenden Nektar der mächtigen Natur hinzugeben.

Der Tag war sonnig, aber kühl. Ich wunderte mich, daß No-Eyes drinnen kein Feuer angefacht hatte. Das Fehlen von aufsteigendem Rauch aus ihrem gähnenden Schornstein war merkwürdig. Ich machte mir Sorgen. Ich rannte den Hügel hinauf und trat in die grabartige Dunkelheit ein.

Aus der hinteren Ecke des Hauptraumes kam leises, rhythmisches Singen. Ich schloß die Tür behutsam hinter mir und wartete, bis meine Augen sich angepaßt hatten. Das monotone Singen ging ohne Unterbrechung in seinem trägen Rhythmus weiter. Ich spähte durch das Halbdunkel und sah No-Eyes im Schneidersitz auf dem nackten Kiefernboden sitzen. Sie schaukelte hin und her wie ein stiller Taktmesser, der auf langsam gestellt ist. Ich verharrte so still wie eine Katze vor dem Mauseloch.

«Summer soll sich hinsetzen», flüsterte sie.

Ich setzte mich ihr gegenüber auf den Boden.

«Nicht da!» krächzte sie ärgerlich. «Da ist schon jemand!»

Ich sprang hoch und setzte mich auf das Sofa. Offenbar hatte die Alte wieder jemanden zu Besuch. Ich hatte dummerweise vergessen, daß sie häufig unsichtbare Freunde bei sich hatte. Das Singen hörte abrupt auf, und ich schaute auf ihr beredtes Schweigen. Sie nickte oder schüttelte den Kopf, je nachdem, ob sie dem, was in der unhörbaren Unterhaltung vorkam, zustimmte oder nicht. Ich fühlte mich ziemlich wie das sprichwörtliche fünfte Rad am Wagen.

«Summer gehört dazu», flüsterte sie.

Ich nickte zweifelnd meine Zustimmung.

«Wir gehören *alle* dazu!» wiederholte sie nachdrücklich.

«Ja, alte Freundin», beruhigte ich sie.

Wieder Schweigen, während die Unterhaltung weiterging. Ich dachte: Ich gehöre dazu. Ich gehöre dazu. Ich gehöre dazu. Aber wie konnte ich denn dazugehören, wenn ich nicht hören konnte, was gesagt wurde? Oder sehen konnte, wer was sagte? Die alte

Frau öffnete langsam ihre großen blinden Augen und klopfte als Zeichen dafür, daß ich mich jetzt ihr gegenüber hinsetzen konnte, auf den Boden.

«Komm, jetzt. Ist in Ordnung.»

Ich saß im Schneidersitz und wunderte mich, daß sie so lange in dieser anstrengenden Haltung bleiben konnte.

«Ist einfach. Die alten Knochen sind's gewohnt.»

Ich grinste und versuchte meine Verwirrung zu verbergen. Wir saßen mehrere Minuten in lastendem Schweigen. Vielleicht ordnete sie ihre Gedanken und wertete sie aus. Vielleicht ruhte sie sich einfach zwischen den Unterhaltungen aus. Ich weiß, was *ich* tat. Ich zitterte.

«Hat Summer Angst?»

«Nein, ich habe keine Angst, mir ist kalt! Du solltest das Feuer hier anhaben. Ich werde...»

«Hinsetzen!»

Ich ließ mich wieder nieder und schaute sie an.

«Summer ist faul! Summer kann sich *selbst* warm machen!»

Ich seufzte. Wahrscheinlich war ich faul. Schuldig im Sinne der Anklage. No-Eyes hatte sich fast damit verausgabt, mich durch die schwierigen Lektionen von geistiger Körperkontrolle zu bringen. Ich hatte erfolgreich gelernt, meine Kopfschmerzen ohne den Gebrauch von Drogen loszuwerden. Ich konnte meine Ungeduld meistern, die mir einige ernsthafte, körperliche Probleme verursacht hatte. Ich hatte gelernt, Schmerzen in mir selbst und anderen zu verringern. Das Kühlen und Wärmen der Hautoberfläche bedurfte jedoch noch erheblicher geistiger Energie und mehr Zeit, als ich gewöhnlich dafür aufwenden wollte. Ich wußte, was sie jetzt von mir verlangte. Und ich haßte es. Warum konnten wir nicht einfach ein schönes, gemütliches Feuer machen und die Sache vergessen? Ihre Antwort würde natürlich lauten, daß alles durch Übung leichter fällt.

Ich stieß mutig ein entnervtes Stöhnen aus, rückte mich zurecht, schloß meine Augen und begann den mühsamen Vorgang, mich selbst warm zu machen. Ich weiß nicht, wie lange ich diesmal brauchte, aber mir war so warm, als ob ich das Feuer schon angezündet hätte.

«So ist es besser», sagte die alte Frau sanft.

«Ja», flüsterte ich.

«Wenn Summer das nächste Mal kommt, hörst du meine Freunde.»

«Dafür bin ich noch nicht bereit, No-Eyes. Ich glaube wirklich, daß ich mehr Zeit brauche, bis ich das kann.»

Wir sprachen immer mit gedämpften Stimmen, wenn wir in einer Unterrichtssituation waren.

«Wer ist hier die Lehrerin?»

«Du.»

«Darauf kannst du wetten!»

«Aber sollte ich nicht Bereitschaft spüren? Sollte ich es nicht auch wissen?»

«Summer, wenn alle warten, bis sie denken, sie sind bereit, geht niemand je irgendwohin.»

«Aber...»

«Kein Aber. Du mußt hineinspringen. Versuch es.»

«Ich weiß nicht...»

«Wer ist hier die Lehrerin?»

Schweigen bei mir.

«Summer ist nicht dafür bezahlt zu wissen. Ich weiß. Das ist genug!»

«Na gut», war alles, was ich dazu sagen konnte. Es war fast unmöglich, mit ihr zu streiten. Letzten Endes hatte sie immer recht.

«Summer muß den Herbst aus dem Kopf schütteln. Sei aufmerksam!»

«Ich bin aufmerksam!» blaffte ich respektlos zurück.

«Im Herbst nicht», sagte sie und behielt damit das letzte Wort.

Ich seufzte. Ich verbrachte viel Zeit mit Seufzen.

Einer wie No-Eyes konnte man nichts vormachen. Sie konnte mich lesen wie Blindenschrift. Nichts, aber auch absolut gar nichts entging ihrem scharfen Geist. Sie war unglaublich. Das war es, was mich ein ums andere Mal wieder zu ihr zurückführte. Sie deckte meine rohen, häßlichen Fehler auf und zeigte, wie sie zu korrigieren waren. Defensive Unehrlichkeit erschreckte sie nicht. Sie wand sich statt dessen an ihr vorbei und ließ einen am Ende wissen, daß sie die ganze Zeit die Wahrheit gekannt hatte. Das heilte jeden wirksam von Notlügen.

«Ist Summer noch warm?»

«Ja.»

«Hat Summer einen klaren Kopf?»

«Ja», flüsterte ich mit einem Grinsen zurück.

«Findet Summer irgendwas komisch?»

«Ja, No-Eyes, ich finde, daß du sehr komisch sein kannst.»

«Gut! Ich mag dich auch.»

Die kühle Hütte erwärmte sich mit unserer Freundschaft. Wir verstanden einander vollkommen. Wir schwiegen weiter und ließen unsere vergnügliche Haltung vergehen. Als ich vollkommen ohne Gefühle und Gedanken war, sprach sie:

«Heute erfährt Summer über No-Eyes.»

Mein Herz machte einen hörbaren Satz. Ich hatte schon lange darauf gewartet, etwas über diese runzlige Chippewa-Frau zu erfahren. Zu Hause hatte ich seitenweise Fragen aufgeschrieben, auf die ich Antworten haben wollte. Ich dachte daran und wünschte, daß ich die Papiere jetzt hier bei mir hätte.

«Du brauchst keine Papiere. Summer kann von hier aus lesen.»

O Gott, sie traute mir soviel zu.

«Das kann ich nicht», antwortete ich abwehrend.

«Kann ich nicht? Das ist keins unserer Worte, Summer.»

«Das kann ich nicht», wiederholte ich.

«Sieh jetzt die Papiere vor dir», befahl sie.

Ich tat es.

«Also, was ist die erste Frage?»

«Wer bist du?» fragte ich vollkommen überrascht davon, daß ich im Geist wirklich meine handgeschriebenen Fragen sehen konnte.

«Siehst du! Summer *kann* es!»

«Aber ich werde nicht *alle* meine Fragen sehen können!»

«Summer *kann* es! Summer sieht es! *Jetzt!*»

Und ich konnte es.

Ich lernte eine Menge über die alte, einsame Frau. Ich erfuhr viele Dinge, die für sie sehr persönlich waren. Ich bin mir nicht ganz über die Gründe, mir das alles zu enthüllen, im klaren. Nur die Zeit wird ihre Haltung in diesem Punkt aufdecken. Eine Sache war jedoch sehr deutlich. Sie hatte mir eine große Menge Gedankenfutter gegeben.

Nachdem alle meine Fragen befriedigende Antworten gefunden hatten, durfte ich endlich Feuer machen. No-Eyes enspannte sich in ihrem Schaukelstuhl, und ich zog mir den großen Stuhl heran, um ihr gegenüber zu sitzen. Während wir ihre besondere Kräuterteemischung tranken, wurde unsere Unterhaltung lockerer. Das allgemeine Thema wurde bald auf spezifischere Fragen eingeengt. Ich hatte einen empfindsamen Ton auf der Harfe ihrer zarten Seele angeschlagen, Ökologie.

Ich hatte nur so ganz nebenbei eine Bemerkung darüber gemacht, daß so wenig anständiges, unbebautes Land zur Verfügung stand. Ich hatte gesagt, daß alles, was etwas taugte, in winzige Grundstücke unterteilt war, an denen so viele Nutzungsverträge hingen, daß ein Mensch das Land kaum sein Eigen nennen konnte.

No-Eyes wurde sofort ernst. Ein dunkler Vorhang schien vor ihre unbekümmerte Stimmung gezogen worden zu sein. Sie senkte ihren kleinen Kopf und fummelte mit den Fingern herum. Ich spürte stumpfe Trübheit um uns herum. Ich konnte fühlen, wie die Schwere einer traurigen Belastung von der alten Frau ausstrahlte.

Das Feuer tanzte in wilden und fiebrigen Flammen. Dennoch war in dem Raum eine greifbare geistige Wesenheit zu spüren. Sie schickte ihren eisigen Atem durch meine Knochen, als ob ich ein durchscheinendes Gazegewebe wäre. Die Mittagssonne war hinter vorüberziehende Gewitterwolken geflohen, und die Hütte war in ahnungsvolle Schatten getaucht. Die bis dahin sanfte Brise hatte an Kraft gewonnen und ließ die Zweige mit unheimlichen Geräuschen an den Fenstern kratzen. Augenscheinlich einer der üblichen Herbststürme. Ich schaute auf No-Eyes' stille Gestalt und fragte mich, welcher ätherische Sturm sich um uns herum in der Hütte aufbaute.

Ich spürte keine Angst. Ich spürte nichts Böses, keinen schadenbringenden Eindringling. Was ich fühlte, war eine ungewöhnliche Depression. Eine Depression, die sich aus großem Kummer und vollkommener Niederlage zusammensetzte. Dieses negative Gemisch von Gefühlen verursachte bei mir einen unglaublichen Abzug von Energien. Es war so magnetisch, daß es mich in seinen schwarzen Sumpf hinabzog. Ich ruckte meinen Körper sichtbar nach oben und zwang meinen Geist, mit einer psychischen Gegenhandlung zu reagieren. Ich baute meine Verteidigung auf und verstärkte sie mit mächtigen Abwehrkräften.

Die negative Ladung blieb im Zimmer hängen. Aber ich war jetzt von ihr getrennt. Es war, als ob ich von einer Blase aus kugelsicherem Glas umgeben wäre. Ich war jetzt nicht betroffen. Ich lehnte mich vor und hielt No-Eyes' zerbrechliche Hände. Traurig sah sie zu mir auf und lächelte dann.

Die bedrohliche Atmosphäre zersprang wie splitterndes Porzellan. Draußen tobte der Sturm weiter. Drinnen war es wieder ruhig, warm und freundlich.

«Was war hier?» fragte ich leise.

«Weiß Summer das nicht?» flüsterte sie.

Ich dachte nach, bevor ich ihr antwortete.

«Ich weiß, daß alles mit dir zu tun hatte. Du hast die große Traurigkeit in diesem Raum verursacht. Und es muß wegen der Sachen gewesen sein, die ich über Land gesagt habe. Habe ich dir weh getan, alte Freundin?»

«Summer hat nur halb recht.»

Ich wartete.

«*Wir* haben diese Kraft gemacht. Du und ich, wir sind Leute-des-Landes. Das Land ist in unserem Herzen und in unserer Seele. Wir können nicht davon getrennt sein.»

«Aber wie habe ich es gemacht?»

«No-Eyes hat es mit Traurigkeit gemacht. Summer hat es mit Verlangen schlimmer gemacht.»

Ich verstand, was sie meinte. Sie hätte es nicht deutlicher sagen können. Die alte Frau war tieftraurig darüber, daß das Land ihrer Leute gestohlen worden war. Sie hegt einen unglaublichen Groll. Sie hält ihn tief in sich fest, bis er wie eine Herde von tausend Büffeln, die über die Prärie jagen, explodiert. Ich hege ein verzehrendes Verlangen, frei auf dem Land zu leben. Auf Land, das nicht von jemandem anderen gekauft worden ist, der sein unerstättliches Ego dadurch füttert, daß er alberne Regeln und Verträge entwirft, um die Menschen, die sein Land kaufen wollen, zu reglementieren. Meine Meinung über solche Verträge ist sehr eindeutig. Diese Verträge sind kein Schutz, sondern nichts anderes als Einschränkungen. Ich möchte einige Hektar Land haben, auf dem ich mit meiner Familie in vollkommener Freiheit leben kann. Und diese zwei intensiven Gefühle von uns beiden haben die negative Kraft gefüttert und ihr Leben gegeben.

«Es tut mir leid, No-Eyes. Ich wollte dir nicht weh tun. Laß uns über etwas anderes sprechen», bot ich mitfühlend an.

Sie tätschelte meine Hand, bevor sie sich in ihrem Stuhl zurücklehnte. Sie war ruhig. Sie fand sich würdevoll mit den Dingen ab, die nie verändert werden können.

«Nein, Summer, jetzt ist eine gute Zeit. Reden wir. Sprechen wir darüber. Ich erzähle dir die wahre Geschichte.»

«Ich möchte nicht sehen, daß dich etwas schmerzt. Könnten wir das nicht ein andermal besprechen?»

«Keine andere Zeit ist wie diese Zeit.»

Ich zog meine Füße hoch und bereitete mich auf ihre Geschichte vor.

«Summer weiß nichts über Freude von wirklichem Land. Ich meine nicht winzige Stücke wie heute. Heute machen sie Grenzen, Schnitte, Narben auf Mutter Erde. Heute ist sie nicht dieselbe wie gestern. Gestern lebte unser Volk frei. Wir nahmen nur, was wir brauchten, nicht mehr, wir liebten unsere Mutter, die Erde. Wir sorgten für sie. Wenn wir etwas nahmen, gaben wir es zurück. Unser Volk nahm sich Tiere für Nahrung, Kleidung und Werkzeuge. Wir baten erst die Seele des Tieres um Vergebung. Unser Volk schweifte auf dem Land umher, brauchte nicht alles auf. Wir schnitten es nicht auf und ließen es nicht nackt. Wir liebten Mutter Erde, sie war gut zu uns. Wir waren dankbar. Wir lehrten die kleinen Kinder, Mutter Erde zu lieben. Wir lehrten sie die Worte der Natur. Wir hörten die Berge flüstern. Wir hörten die Tiere viele alte Geheimnisse erzählen. All das war gute Medizin für unser Volk. Wir lebten in Frieden. Das Volk machte alle Nahrung und alle Medizin aus der Brust von Mutter Erde. Sie gab uns alles, was wir brauchten. Mehr wollten wir nicht. Was gab es mehr zu wollen?»

Ich studierte No-Eyes, während sie mir von den glorreichen Tagen vor der Zeit des weißen Mannes erzählte. Ihre Augen funkelten vor Aufregung. Ihr Grinsen war breit und strahlend. Sie machte angeregte Gesten mit den Armen und Händen. Sie war erfüllt von überschwenglicher Liebe für eine verlorene Lebensweise.

Ich lachte über ihre jugendliche Überschwenglichkeit. Sie hatte eine bestimmte Art, mich in die Szene, über die sie gerade sprach, hineinzuziehen. Sie hatte mich hineingezogen, und mein Herz hüpfte vor Freude über die Schönheit ihres Gemäldes. Es war friedlich und idyllisch. Als sie das tägliche Leben ihres Volkes erklärte, schloß sie sorgfältig jedes Detail ein. Sie erzählte von den Ritualen des Hofmachens und den wochenlangen Hochzeitsfeiern. Sie erklärte die Geburtsmethoden, die natürlicher klangen als die altmodischen Techniken von heute. Sie lud mich auf eine Jagd ein, und es gelang ihr, mich glauben zu lassen, daß ich wirklich da war. Wir pflückten Beeren, gerbten Häute, bereiteten Mahlzeiten zu und wuschen unsere Kinder mit Sand im Bach. Wir machten exquisite Schmuckstücke und nähten warme Büffelgewänder für unsere Männer. Ich horchte in Besprechungen des Rates hinein und bestaunte die Weisheit unserer Führer. Es war ein wunderbares Leben voller Respekt, Geben und Teilen, Umsorgen und Lieben. Es war frei.

No-Eyes hatte mir absichtlich diese wunderbare Tapisserie vorgeführt. Ich war vollkommen gefangen. Ich lebte im Geist das Leben der Kindertage meiner Urahnen. Und es fühlte sich gut an.

Dies war bisher eine der kraftvollsten psychischen Lektionen der alten Frau. Ich erlebte die letzten Geburtswehen einer Frau. Ich sah sie über der kleinen pelzbezogenen Decke hocken. Und ich hörte ihren Freudenruf, der sich mit dem Krähen ihres neugeborenen Sohnes mischte. Ich war Zeugin eines geheimen Treffens des Rates. Und ich inhalierte den Rauch der Ratspfeife, als sie die Runde machte. Ich hörte die Geschichte des Geschichtenerzählers. Und ich fühlte die Liebe und Aufregung all der kleinen Kinder, die um seine alten Knie versammelt waren. Ich erlebte das Zuhause einer Familie bei Nacht. Und ich fand Trost in dem Gefühl der Zusammengehörigkeit, das ich spürte, als sie alle friedlich auf warmen Pelzdecken schliefen. Ich erlebte eine Hochzeitshütte. Und ich war tief bewegt von der zärtlichen Liebe und dem Respekt, den ich dort fand. Ich war eine aus diesem Volk. Und es war eine wunderbare Art des Seins. Es war eine Lebensweise, die den Großen Geist froh machte, daß er die Menschen erschaffen hatte.

Dann senkte No-Eyes ihre Stimme wie ein Bleigewicht. Nervös faltete sie immer wieder ihr abgewetztes Taschentuch. Ihr Gesichtsausdruck wandelte sich plötzlich von glühender Begeisterung in vollkommene Leblosigkeit. Es erinnerte mich an die Vorstellung eines Pantomimen.

«Der weiße Mann kam in das Land unseres Volkes. Er sagte, das Land gehöre ihm. Er sagte, das Volk müsse weggehen. Wir sagten, Mutter Erde ist Land, das allen gehört. Mutter Erde ist zu allen gut. Er wollte Grenzen ziehen, sie aufschneiden, ihre üppige Brust voll Narben machen. Er sagte, das Volk müsse gehen oder sie würden sonst das Volk umbringen. Wir kämpften für unser Zuhause. Das Volk hat lange Zeit mit Mutter Erde gelebt. Sie war gut zu uns. Unsere Männer haben immer wieder versucht, die Weißen fernzuhalten. Unsere Männer haben sich sehr bemüht, Frauen und Kinder zu verteidigen. Wenn unsere Männer auf der Jagd waren, kamen die weißen Männer, brannten unsere Hütten nieder und erschossen Frauen und Kinder. Unsere Männer kamen zurück. Sie waren verletzt und traurig. Sie waren zornig. Viele Kriegsräte haben die Männer ausgeschickt, die Weißen aufzuhalten. Die Weißen hatten mächtige Gewehre. Wir besorgten uns welche. Die Weißen besorgten sich bessere Gewehre. Die konnten wir nicht bekommen. Bald waren alle Büffel weg. Die weißen Männer töteten sie wegen der Häute. Sie ließen das gute Fleisch den Aasgeiern. Ganze Täler, ganze Ebenen waren voll des Gestanks von verschwendetem Fleisch. Mutter Erde weinte. Unser Volk weinte. Wir zogen weiter. Wir zogen wieder weiter. Sie fanden uns. Wir hatten kein Land mehr, wo wir hinziehen konnten. Sie tauschten Land gegen Decken. In den Decken steckten die Pocken. Wir starben wie die Fliegen. Die weißen Männer brachten dem Volk noch mehr Geschenke. Die Frauen und Kinder des Volkes starben an Cholera. Die weißen Männer sagten, daß wir viel Land haben können, um darauf zu leben. Wir zogen in die kahlen Ebenen. Sie sagten, sie würden uns Nahrung geben. In dem Mehl waren Käfer. Das Fleisch hatte Würmer. Wir waren Gefangene auf dem geschenkten Land. Es taugte nicht einmal für Schlangen. Die weißen Männer vermehrten sich wie die Kaninchen. Sie waren zu viele für uns. Schließlich gab der letzte Häuptling auf. Er ritt fort von den Staked Plains. Er war immer noch sehr stolz. Heute ist unser Volk immer noch auf dem geschenkten Land. Ein Teil des Landes, das die weißen Männer dem Volk gaben, haben sie zum Versuchsgelände für ihre Bomben gemacht. Sie nehmen immer noch. Es wird nie enden. Sie geben etwas, sie nehmen es wieder zurück und sagen, daß sie es nie gegeben haben. Weiße Worte haben damals nichts getaugt. Sie taugen jetzt auch nichts. Nichts verändert sich. Sie schneiden immer noch Mutter Erde auf.

Summer, du wirst dein Traumland finden. Summer hat einen guten Mann. Summer hat einen besonderen Geist. Summer hat eine Medizinfrau in sich. Ich bin Medizinfrau. Ich weiß diese Dinge. Eines Tages werden viele auf Summers Land kommen. Sie werden kommen, um die alten Lebensweisen zu lernen. Summer und ihr Mann werden sie lehren. Summer wird die alten Lebensweisen nicht vergessen. Summer wird das Lied des Schamanen nicht vergessen.»

Als No-Eyes fertig war, weinte ich wie ein verletztes Kind. Ihre Geschichte hatte mich so bewegt. Ich hatte die entsetzliche Angst des Volkes gespürt, als sie merkten, daß die weißen Männer sie zwingen würden, ihr geliebtes Land zu verlassen. Ich fühlte den Horror über das Massaker an tausenden von indianischen Frauen und Kindern. Ich fühlte den blinden Haß, den die indianischen Männer auf die Weißen wegen des sinnlosen Abschlachtens ihrer Familien hatten. No-Eyes' Traurigkeit war so wirkungsvoll auf mich übertragen worden wie die Nahrung durch die Nabelschnur von der Mutter zum Fötus geht. Sie hatte mir etwas von sich selbst gegeben, etwas von meiner Herkunft. Eine Erinnerung.

Ich kniete mich neben die alte Frau und legte meinen Kopf in ihren Schoß. Sie streichelte mein Haar.

«Ist nicht so schlimm, Summer, alle Menschen haben Schmerzen. Manche sind schlimm, manche schlimmer. Du hast einen guten Mann, der hilft. Er versteht. Summer wird okay sein.»

Ich schaute in No-Eyes' Gesicht. Sie starrte auf die Wand hinter mir. Eine einsame Träne hinterließ eine glitzernde Spur auf ihrem verbrauchten und müden Pfad.

Eine Rasse für sich

Möge dein Leben mit der größten Kostbarkeit gesegnet sein, und mögest du sie andachtsvoll schätzen und schützen.

Zwischen Bill und mir gab es eine einzigartige und wunderbare Verbindung. Ich meine damit in diesem Fall nicht die Ehe, obwohl das in der Tat eine unantastbare Verbindung ist. Eine Verbindung, die in jedem unserer 19 Ehejahre an Stärke gewonnen hat. Ich spreche hier auch nicht von Liebe, denn davon haben wir ohnehin reichlich. Noch spreche ich von Verständnis, denn was ist eine gute Ehe oder Liebe ohne Verständnis? Sie ist untrennbar damit verbunden, damit ein erfolgreiches und dauerhaftes Bündnis alle Schicksalsschläge des Lebens überdauert. Unsere besondere Verbindung, unser größter Schatz ist nichts anderes als einfach Freundschaft. Ja, Freundschaft. Was ist Freundschaft? Freundschaft zwischen zwei Menschen ist eine Art des Umgangs miteinander. Es ist die Möglichkeit, einander Dinge zu sagen, ohne nervös auf Zehenspitzen herumzustelzen. Es ist vollkommene und vollständige Ehrlichkeit – in *allen* Dingen. Es ist die Möglichkeit, wahrhaft über Gefühle und Fehler zu sprechen. Freundschaft heißt, tiefes Verständnis zu zeigen. Sie heißt, loyal beizustehen. Sie heißt, immer da zu sein, um zu trösten und mitzufühlen. Sie heißt, daß man die eigene Depression beiseite tun kann, um für den anderen optimistisch zu sein. Sie heißt, immer zusammensein zu wollen, Dinge miteinander zu tun, zu teilen. Freunde finden Freude daran, die einfachen Vergnügen miteinander zu teilen; durch nebelverhangene Wälder zu laufen, miteinander ein bewegliches Objekt in dem kristallenen Zeitmesser eines Sommernachthimmels zu entdecken suchen, auf die Stimmen der Bergbewohner zu horchen. Freundschaft bedeutet all diese wunderbaren Dinge und, was das beste ist, sie war unser Band. Dieses Band war durch ein einzigartiges Wiedererkennen der Seelen fest verankert. Alle Welt versuchte verzweifelt, mit List und Tücke und ausgesprochen erfinderischen Maßnahmen die schreckliche Liebesgeschichte zwischen zwei entschlossenen Teenagern zu zerstören. Alle Welt versuchte, die junge Ehe zu zermürben. All die Sorgen und Bedrängnisse des Lebens kamen uneingeladen in die Ehe und versuchten, die beiden mit Gewalt auseinander zu treiben. All die negativen Kräfte der Natur umkreisten die beiden, aber es gelang ihnen nie, das Band zu durchbrechen. All diese unerträglichen Bedingungen trugen nur zur Festigung des Bandes von Liebe, Verständnis und Freundschaft bei. Die zwei waren wie eine Insel, unberührbar und unerreichbar für negative Kräfte. Und gemeinsam suchten sie mutig nach Wahrheit und fanden sie. Gemeinsam stellten sie sich den Skeptikern und gewannen. Gemeinsam folgten sie vertrauensvoll ihrem Weg und fanden ihre Aufgabe. Gemeinsam lebten sie in dem Trost, der das Wissen um die Wahrheit bringt, und gemeinsam sind sie schließlich am Ziel ihres Weges.

Wir sind wie eine einzige Seele, die sich in zwei geteilt hat, um in zwei Körper eintreten zu können. Wir sind eines Geistes und haben ein Ziel, den Punkt zu erreichen, an dem wir wirklich mit unserer Aufgabe beschäftigt sein werden. Das hat immer Priorität in unserem Bewußtsein. Unser tägliches Leben ist voller Warten auf den Moment, in dem wir zur Sache kommen können. Und wir sind sehr begierig darauf – denn die Zeit wird wirklich knapp.

Seit dem ersten Treffen mit der alten Chippewa scheint ein Hoffnungsstrahl auf unser Ziel. Sie hat unseren drängenden Vorstellungen Glauben geschenkt. Sie hat viel von dem Druck genommen, den die Zeit unseren rastlosen Seelen auferlegt hatte. Kann ich verbindlich mitteilen, wer No-Eyes ist? Vermutlich nicht. Und doch erkennen unsere Seelen eine bestimmte angeborene Qualität in der alten Frau. Wir fühlen mehr, als daß wir sehen, was unsere Wege in einer für uns entscheidenden Zeit zusammengebracht hat. Wir suchten nicht mehr. Dieser Aspekt des spirituellen Beginns war für uns lange vorbei. Aber wir dürsteten verzweifelt nach spiritueller Verwandtschaft. Unsere Mitmenschen waren gut und hatten eine oberflächliche Freundlichkeit. Wir waren jedoch umgeben von den Unbewußten, den Unachtsamen, die Reichtum und Erfolg suchten. Wir waren von Leuten umgeben, die nur das «Ich» im Leben sahen, den Egoisten, den Selbstsüchtigen. Und so schwammen wir immer einsamer auf dem Meer der Menschheit. Die Frische des Herbstes war noch bei uns. Meine liebste Jahreszeit. Bill und ich waren während der Zeit, die ich mit der alten Frau verbracht hatte, so weit gekommen. Wir waren mit dem Wissen und den Einsichten, die wir durch sie gewonnen hatten, glücklich und zufrieden. Jede Unterweisung bei No-Eyes war eine erleuchtende Erfahrung. Ich war einfach unglaublich gern mit ihr zusammen. Viele unserer gemeinsamen Tage verbrachten wir damit, die allgemeinen Pflichten zu erledigen, wie Kräuter am Wegrand zu sammeln. Wir schnatterten wie die Schulmädchen, während wir aus den einheimischen Beeren Marmelade machten oder ein medizinisches Hausmittel zusammenbrauten. Doch auch diese sorglosen Tage waren nicht verschwendet. Ihre Arbeit war immer auch eine Lektion. Diese Lektionen waren vom Inhalt her nicht immer spirituell. In vielem ging es um das einfache Leben, das der Große Geist für sein Volk geplant hatte. Sie sprach ausführlich über die richtige Art, das geistige Leben zu leben. Themen wie Annehmen und anhaltende Ausdauer kamen immer wieder in unseren allgemeinen Gesprächen vor.

Ich dachte an all die wunderbaren Tage, die wir miteinander verbracht hatten, als ich mit dem Auto unter den sonnenglänzenden Arkaden meiner Bergstraße fuhr. Die durchsichtigen Strahlen schienen schräg durch die zitternden Espen und sahen aus, als ob sie durch den dünnen Schleier zwischen den Dimensionen stoßen würden. Berauschender Holzrauch trieb durch die kühle Bergluft. Ich liebte diesen Herbstgeruch. Allein dieser Duft brachte Myriaden von Visionen in meinen aufnahmebereiten Geist, Visionen davon, durch den Wald zu laufen und das Rascheln des frisch gefallenen Laubs unter den Füßen zu hören, Visionen davon, wie der Morgennebel des Frühherbstes sanft unten durch das Tal rollt, Visionen davon, gemütlich vor dem flammenden Feuer in unserem dunkel werdenden Wohnzimmer zu kuscheln. Ich liebte den Herbst, und der heutige Tag war vollkommen.

Als ich über die gewundene Bergstraße fuhr, die zu der Hütte der alten Frau führte, lachte ich über die fröhlichen Bewegungen, die die im Wind tanzenden Blätter vor mir machten. Ihre goldenen Kostüme wirbelten, machten kleine Pirouetten und wurden dann schnell von der Bühne gefegt. Ihr aufmerksames Publikum waren die Bäume an der Straße, die im Takt zum festlichen Lied der Natur schaukelten. Und mein Herz war erfüllt von ihrem wunderbaren Wesen. Über mit peitschten die hohen Winde die üppigen weißen Wolken zu weicher Zuckerwatte, rührten hier und zogen dort. Überall, wo ich hinschaute, gab es den glorreichen, offenkundigen Beweis Gottes.

Als ich ankam, trug No-Eyes gerade frisch gehacktes Holz herein. Ich half ihr, das duftende Holz neben ihrem mächtigen steinernen Kamin aufzustapeln. Der süße Duft von Kiefer erfüllte unser heimeliges Klassenzimmer.

«Es ist heute prächtig draußen, No-Eyes.»

«Ja. Das ist richtig. Der Große Geist ist heute glücklich.»

«Ich auch. Ich liebe den Herbst einfach.»

Sie sah mich merkwürdig an.

«Ja, tu ich!» beharrte ich.

«Herbst macht Summers Kopf voll von Holzrauch.»

«So ist es halt. So scheint es schon seit Jahren zu sein.»

«Summer kann durch Holzrauch nicht denken. Die Lektionen im Herbst sind nicht gut.»

«Du bist nicht fair. So schlecht bin ich nicht. Oder?»

«Fast.» Sie grinste und zog ihren Schaukelstuhl ans Sofa heran. Ich saß ihr auf dem Sofa gegenüber. Unsere Knie berührten sich fast.

«Heute machen wir keine richtige Lektion. Wir werden einfach reden.»

«Schön. Ich mag es, wenn wir einfach reden.»

Sie begann zu schaukeln – kräftig.

O weh! Hier kommt ein «Gespräch», auf das ich mich nicht freue.

Ihre Stimme war tief und weich. «Summer, jetzt müssen wir sprechen.»

Ich nickte und fummelte an meinen Fingern herum.

«No-Eyes hat Summer lange genug aufschieben lassen.»

«Ich weiß», gab ich verschämt zu.

«Lehn dich ruhig an. Ich will zuerst sprechen.»

Ich setzte mich auf dem niedrigen Sofa zurück und zog meine Knie an.

«Summer weiß Bescheid über die Aufgabe. Darüber haben wir gesprochen. Vielleicht weiß Summer nichts über die Aufgabe von anderen Leuten. Wir sehen. Es sind jetzt viele, viele Seelen hier, Summer. Sie sind hier, um besonderes Wissen, besondere Hoffnung, besonderen Trost und Licht für die kommenden dunklen Tage aller Völker zu bringen.»

«Die Veränderungen, richtig?»

«Nein, Summer. Noch davor – jetzt. Später wird es nicht mehr taugen. Dann ist es zu spät. Die Veränderungen kommen, dann ist kein New York mehr da, keine Bücher mehr da, kein Fernsehen mehr – nicht mal Radio. Die Leute sind hier, um *jetzt* Trost zu geben, die Menschen *jetzt* bereit zu machen. Summer, überall sind viele neue Leute. Nicht nur in den Bergen, in diesem winzigen Teil. Es sind viele neue Leute überall im Land, in anderen Ländern, sogar auf anderen Planeten. Dies wird eine große Sache, Summer. Sie wird *überall* stattfinden. Denkt Summer, daß der Große Geist nur hierher kommen wird? Denkt Summer, daß der Große Geist nur hier die Bösen bekämpfen wird? Er wird das Übel *überall* beseitigen! Das ist wichtig. Der Große Geist wird nach vielen riesigen Veränderungen auf Mutter Erde kommen, nach riesigen Veränderungen *überall*. Wir sind nicht der einzige Planet. Wir sprechen von großen Ereignissen überall!»

Ich horchte auf das riesige Szenarium, das sie ausmalte. Es handelte sich ganz offensichtlich um ein großes Ereignis, viel größer, als ich immer dachte.

«Die ganze Zeit kommen noch viel, viel mehr neue Seelen hierher. Jeden Tag kommen neue Seelen, um die Leute vorzubereiten.»

«Warum, No-Eyes? Warum machen sie sich die Mühe?»

Schweigen.

«Ich weiß, daß Gott den Menschen großen Spielraum läßt. Ich weiß, daß er unendliches Erbarmen und Mitgefühl hat, aber unzählige Menschen glauben nicht an die Veränderungen. Sie glauben nicht an die Wahrheiten. Sie glauben nicht an das Erbe des Großen Geistes. Sie werden nicht glauben, was ich über dich geschrieben habe, und sie werden nicht glauben, was ich über mich selbst gesagt habe. Warum sich überhaupt mit ihnen aufhalten? Ich finde es immer noch unglaublich schwierig, mich an diesem späten Zeitpunkt darum zu kümmern. Irgendwie ist es für mich, als ob das vorbei wäre.»

«Würde der Große Geist ein verlorenes Schaf zurücklassen?»

«Das ist wesentlich und deutlich, aber ich bin nicht Gott. Ich besitze nicht seine perfekten Eigenschaften. Ich beanspruche nicht, vollkommen zu sein…»

«Na und! *Niemand* hier ist vollkommen. Dann wäre er nicht einmal hier.»

«Ich weiß, aber dennoch. Wenn die Leute andauernd ihren Kopf abwenden und vor Menschen wie uns Augen und Ohren verschließen, dann sehe ich nicht, warum wir mit dem Kopf gegen die Wand schlagen müssen, um sie zu überzeugen.»

«Da ist Summer ganz durcheinander.»

Ich dachte immer, für mich wäre alles glasklar.

«Summer und Bill sollen nicht überzeugen. Das ist Menschen zwingen. Siehst du? Summer ist hier, um Samen fallen zu lassen. Summer, der Große Geist möchte, daß alle Menschen die Wahrheit kennen. Glauben und den Samen stark werden lassen, müssen sie selber. Der Große Geist will, daß alle Menschen die Wahrheiten hören. Ob sie zuhören oder Ohren verschließen, bleibt ihnen überlassen. Summer und Bill sollen die Leute nicht überzeugen, es nicht einmal versuchen.»

«Ich verstehe, aber ich glaube immer noch, daß die meisten Leute nicht offen genug sind zu glauben. Manche Dinge, die ich über dich geschrieben habe, würden ihnen wie Phantasiegeschichten vorkommen. Wieviel Glaubwürdigkeit gibt das dann den Wahrheiten?»

«Summer versteht *nicht!* Der Große Geist Phantasie? Er sagt sogar, daß er den Menschen Geschenke gibt. Er sagt sogar, Menschen machen tolle Sachen (Wunder)! Was denken die Leute, was er meint? Der Große Geist ist in den Seelen aller Menschen. Alle

Menschen brauchen nur nach innen zu schauen, um Wahrheit zu sehen. Sie wissen erst, hier, und sehen dann!»

«Sei mir nicht böse, No-Eyes, aber es fällt mir immer noch schwer, all das zu verstehen. Du hast gesagt, wir sollten die Wahrheit nur selber wissen ...»

«Das weiß Summer schon.»

«Laß mich weiter reden. Wir sollen die Wahrheit kennen. Dann sollen wir sie mit denen teilen, die sie auch kennen und ...»

«Nicht nur mit Menschen, die sie auch kennen, Summer. Summer und Bill sollen sie auch mit Menschen teilen, die auf dem richtigen Weg sind, aber noch mehr Information brauchen, verstehst du?»

«Darauf wollte ich hinaus. Wir sollen nicht versuchen, jemanden zu überzeugen. Wir sollen die Brüderschaft der Berge für Sucher einrichten, die zusätzliche Information brauchen. Die Brüderschaft der Berge soll Antworten auf angeforderte Informationen und Fragen geben. Gelegentlich soll sie den verwandten Seelen, die ein leibhaftiges Treffen oder eine Diskussion verlangen, eine tröstende Umgebung sein.»

«Das stimmt.»

«No-Eyes, Bill und ich brauchen für eine Weile etwas Frieden. Wir wollen nicht, daß die ganze Zeit Leute kommen.»

«Na und! No-Eyes sagt nicht, Summer hat die ganze Zeit Leute da. Summer und Bill haben besondere Zeiten, dann können Menschen kommen.»

«Du meinst wie Sprechstunden?» «Nein! Denk nach!»

«Ich weiß! Wir könnten einen Abendtermin für zwanglose Diskussionen festsetzen. Vielleicht jede Woche oder jede zweite Woche einen! Und wer auch immer da aufkreuzt, wird mit uns und den anderen diskutieren können.»

«Das klingt schon besser.»

«Ich finde auch, daß das besser klingt. Es wäre mehr so, als ob Freunde für einen ruhigen Abend zusammenkommen. Es wird so sein, wie wenn Freunde mit dem selben Glauben sich versammeln und miteinander teilen.» Das klang mir fast zu gut.

«Summer, was ist, wenn manche Leute wissen wollen, wie man die Seele fliegen lassen kann? Was macht Summer dann?»

«Das weiß ich nicht. Darüber habe ich nie nachgedacht. Ich vermute, ich müßte sie mir genau anschauen und individuell entscheiden. Ich gehe nicht davon aus, daß ich eine Schule leiten werde!»

Schweigen.

«Muß ich?»

Schweigen.

«No-Eyes, du bist hier ziemlich unkooperativ.»

Schweigen.

«Nun, wir werden *keine* Schule unterhalten. Die Brüderschaft der Berge ist dazu da, daß verwandte Seelen in einer liebenden und teilnehmenden Atmosphäre zusammenkommen können. Es ist nur ein Informationszentrum. Die Leute können schreiben, und wir werden antworten, aber es ist gewiß keine Schule. Auch du wirst mir nicht sagen, daß es doch eine ist!»

«Nee. Es ist keine Schule.»

Erleichterung.

«Macht das Lehren Summer Angst?»

«Nein, vergiß nicht, daß ich meine eigene Tanzschule hatte. Lehren macht mir gar keine Angst. Ich war mir nur sicher, daß das nicht unsere Aufgabe ist. Es ist eher die, die richtige Atmosphäre für glaubende Freunde zu bereiten.»

«Das ist richtig – jetzt.»

«Spielst du auf früher an?»

«Jaa. Früher sollte Bill ein Lehrer sein. Er ist wiedergekommen, um Führer einer spirituellen Kommune zu sein. Summer hat von der Veränderung gehört. Jetzt geht es nur noch um Information. Das ist besser, was?»

«Viel besser, aber genauso wichtig.»

«*Nicht genauso!* Es ist sogar das *Wichtigste*. Die Seelen der Menschen sind sogar noch wichtiger als ihre Körper.»

Schweigen.

«Worüber grübelt Summer?»

«No-Eyes, weißt du, wo unser Zentrum liegen wird?»

«Ja.»

«Und wo?»

«Hier in den Bergen.» Sie neckte mich.

«Das weiß ich! Was wir wissen wollen ist, wo in den Bergen.»

«Das hat dir dein Freund gesagt.»

«Er sagte, es gäbe neun oder zehn Möglichkeiten, zum Teil so entfernte wie Breckenridge.»

«Glaubt Summer ihm nicht?»

«Natürlich glaube ich ihm, aber ich bin mir nicht sicher, daß ich so weit weg gehen will.»

«Summer braucht mehr Vertrauen.»

«Ich glaube kaum. Was glaubst du, hat uns soweit gebracht?»

Schweigen. Warten.

«Summer wird sehen. Es wird alles gut werden.»

«Dann wirst du meine Frage über den Ort, an dem das Zentrum sein wird, nicht beantworten?»

«Summer und Bill werden ihn erkennen, wenn sie ihn sehen.»

«Du kneifst.»

«Ich kneife *nicht!* Summer weiß, daß es wahr ist.»

«Ja, vermutlich. Ich wollte nur etwas Sucherei und Zeit sparen.»

«Du hast genug Zeit.»

«Aber wir fühlen doch den Druck von der anderen Seite.»

«Ja. Der hält Summer und Bill am Ticken.»

«Die ganze Zeit? No-Eyes, ich sagte schon, daß wir eine Pause brauchen.»

«Die kriegen Summer und Bill. Vielleicht eine kleine.»

«Erzähl mir von den anderen.» Ich wechselte das Thema.

«Welchen anderen?»

«No-Eyes!» Sie ließ mich absichtlich im Kreis tanzen.

«Summer ist nicht in der richtigen Stimmung für ein Spiel, wie. Okay, überall sind jetzt viele andere neue Menschen. Sie erinnern sich auch an ihre Aufgabe. Sie gründen viele Gemeinschaften, in denen Menschen leben können. Sie bekommen viel Land. Sie zeigen den Menschen, wie man Land teilt, um Nahrung anzubauen und Tiere zu halten. Viele bewußte Menschen beginnen schon ein neues Leben auf diesem Land. Auch Ärzte und Akademiker. Sie arbeiten hart für all die Menschen in den Landgemeinschaften. Sie sind bereit, wenn die Zeit kommt. Summer sieht verwirrt aus. Was ist jetzt?»

«Mir tun die Leute so leid, die nicht glauben wollen.»

«Summer hat gesagt, daß sie sich nichts aus ihnen macht.»

«Sie tun mir trotzdem leid.»

«Das ist ihre eigene Wahl, Summer. Das ist nicht Summers Schuld.»

«Das sehe ich, aber das macht es nicht besser. Wann immer ich in der Stadt bin und all die Häuser wie Streichholzschachteln dicht an dicht aufeinander sehe, denke ich immer ‹Mein Gott, was werden diese Menschen tun!› No-Eyes, was *werden* sie tun?»

«Das ist das Leben, das die Leute wollen, Summer. Sie wollen Sachen. Sie lieben Sachen. Wenn die Zeit kommt, werden sie nur Sachen haben.»

«Aber ist das fair?»

«Ist es fair, nicht zuzuhören? Summer hat No-Eyes erzählt, die Leute wollen nicht glauben. Ist das fair? Die Leute haben den freien Willen des Großes Geistes. Sie hören, sie sehen, sie wählen! Sie können alle selbst entscheiden – tief innen!»

«Aber sie werden entsetzt und verwirrt sein. Sie werden nichts haben!»

«*Nein!* Summer darf nicht so denken. Sie sind entsetzt, ja! Aber man hat es ihnen schon gesagt. Denk nach! Sie sind entsetzt, weil sie anderen Leuten nicht glauben. Es ist ihre eigene Wahl, daß sie ohne Sachen (sichere Plätze und Nahrungsvorräte) sein werden. Sie haben ihre eigenen Sachen!»

«Ist das nicht sehr hartherzig? Sicher, sie werden ihre großen Häuser und eleganten Autos und teuren Dinge haben. Aber No-Eyes, sie werden kein Benzin, keinen Strom und keine Nahrungsmittel haben!»

«Das haben sie selbst gewählt.»

Schweigen.

«Denkt Summer, das ist gemein? Kalt?»

Schweigen.

«Summer kann nicht die Schmerzen von anderen Menschen tragen. Summer muß das unter Kontrolle bringen.»

«Ich kann nicht. Ich fühle soviel von dem Elend der Hungrigen. Ich fühle die Schrecken dessen, was für die Ungläubigen, die nicht hören wollen, kommen wird.»

«Wenn Summer damit nicht aufhören kann, muß Summer noch besser verstehen.» Schweigen.

«Summer muß sehen, wie der Große Geist vorgeht. Er hat auch Mitleid. Er gibt den Menschen die Wahrheiten. Er gibt Erbgeschenke, damit sie den Beweis der Wahrheiten besser sehen können. Er gibt den Menschen den freien Willen. Er gibt den Menschen viel, viel Raum. Er gibt, gibt, gibt und gibt noch mehr. Er gibt allen Menschen viele Chancen. Er gibt gute Führer wie Bills, wie Summers Freund. Er gibt den Menschen Lehrer. Er hört nie auf zu geben. Er zeigt den richtigen Weg. Er gibt den Menschen viele Jahre Zeit. Eines Tages hört er auf. Eines Tages kommt er. Eines Tages beendet er es. Er macht einen Schlußstrich. Er tut die Gläubigen auf eine Seite und die Ungläubigen auf die andere. Er wird Mutter Erde durch die Schwingungen der Menschen schütteln und aufbrechen lassen. Die Gläubigen werden schon bereit sein – sie sind in Gruppen sicher. Andere sind verwirrt – sie sind nicht bereit. Sie stehen beschämt mit heruntergelassenen Hosen. Dann tut es ihnen leid, daß sie nicht zugehört haben. Ihm wird es auch leid tun – aber es ist schon zu spät, die Zeit ist abgelaufen – dann ist nichts mehr zu ändern.»

«Ja», stöhnte ich. «Ich sehe, was du meinst. Wenn Gott schließlich einen Schlußstrich zieht, dann muß ich es wohl auch tun.»

«Ja. Es ist jetzt Zeit, daß Summer aufhört, die Schmerzen der Ungläubigen zu spüren. Es ist sogar schon zu spät. Summer soll jetzt nur noch mit Gläubigen arbeiten. Verstehst du?»

«Ja. Das macht es auch einfacher.»

«Summer spürt den Zeitdruck. Es ist keine Zeit mehr für andere Leute. Es ist nur noch Zeit dafür, daß neue Menschen sich für ihre Aufgabe der Wiederkehr bereitmachen – das gibt den Gläubigen auch Zeit. Es sind zu viele Jahre damit verschwendet worden, die anderen überzeugen zu wollen. Das ist vorbei. Okay?»

«Okay. No-Eyes, das nimmt eine schwere Last von uns. Ich danke dir für deine Erklärung.»

«Summer und Bill dürfen ihre Last nicht schwerer machen. Sie ist schon schwer genug.»

«Wenigstens brauchen wir nicht mehr die Landkommune zu beginnen.»

«Ihr habt jetzt größere Sachen.»

«Ich weiß, den spirituellen Aspekt.»

«Ja. Weiß Summer, wer Bills Seele ist?»

«Ja, No-Eyes. Unser Freund hat uns all das gesagt, als er das erste Mal kam.»

«Das war komisch. Es hat Bill mächtig erschreckt!» Sie grinste breit.

«Es hat uns völlig überrumpelt, das kann man schon sagen.»

«Jetzt geht es Summer und Bill gut mit ihm, was?»

«Er ist wie Bills Kumpel.»

«Das ist gut, Summer. So soll es sein.»

«Ich weiß, No-Eyes.»

Und so verlief unsere Diskussion über die neuen Seelen, die ausdrücklich zu dem Zweck zurückgekommen sind, in der Zeit Gottes auf Erden zu verkündigen. Diese Seelen kommen immer schneller wieder. Die meisten von ihnen treten dadurch in die Körper von Erwachsenen ein, daß sie eine Seele, die dem zustimmt, einfach gegen eine eintauschen, die in dieser großen Zeit der Menschheit im Bereich des Körperlichen sein wollte. Viele haben hier seit der Geburt gelebt, den Weg erforscht, auf den ihre ruhelosen Seelen sie drängten, ihre Mission erkannt und sind ihrer umfassend wichtigen Aufgabe nachgegangen.

No-Eyes führte unsere Unterhaltung schließlich zurück zu unserem lieben Freund. Mittlerweile werdet ihr vermutlich zu der Schlußfolgerung gekommen sein, daß Bill und ich Zugang zu einer offenen Kommunikationslinie mit Bills Führer haben. Ja, soviel kann ich zugeben, aber das ist alles. Dies ist eine extrem private und besondere Sache zwischen uns. Nur eine andere lebende Person, mit der würdigen Ausnahme von No-Eyes, weiß um ihn und hat Unterhaltungen mit diesem Führer gehabt, und das ist unsere Freundin Robin.

Ich werde nicht darüber sprechen, wie er kam, warum er kam, wann er kam, oder wie wir drei uns mit ihm verständigen. Manche Dinge existieren auf heiligem Grund, und dies ist ganz bestimmt eins dieser Dinge.

Ich hoffe von ganzem Herzen, daß ihr, die Leser(innen), diese bestimmte Umwälzung in eurem Sein gehabt habt, die mit dem Erkennen der Wahrheit kommt. Ich bin weit davon entfernt, vollkommen zu sein. Wäre ich das, wäre ich nicht hier, woran mich No-Eyes so oft erinnert hat. Die Zeit wird in der Tat knapp. Es geht kein Tag vorbei, ohne daß ich spüre, wie der Druck der Zukunft einen weiteren Tag umfaßt, einen weiteren Sonnenuntergang in unserer derzeitigen Lebensweise abhakt. Ich wünsche euch das Sehen, das euch die Wahrheiten suchen läßt, daß ihr sie erkennt und in euren Herzen wertschätzt. Ich wünsche euch, daß die richtige Richtung auf eurem Lebenspfad euch in die Sicherheit einer überlebenden Gemeinschaft führt. Ich wünsche euch ruhevolle Nächte, Frieden im Herzen und Gott in euren Seelen.

Morgen – eine veränderte Welt

Möge dein Geist die Zeichen der Zeit sehen
und dein Herz ihre Wahrheiten annehmen.

Die kühlen Herbstnächte waren sowohl für den Körper wie für die Seele verjüngend. Bill und ich hielten unser Ritual der spätabendlichen Spaziergänge aufrecht. Diese Nacht war besonders schön. Die strahlende Silberscheibe hoch oben am Himmel überströmte uns mit ihrem ätherischen Licht, als wir unseren Bergpfad entlangbummelten. Wir machten eine Pause in einer Lichtung. Der Blick auf das mystische Tal unter uns war in die leichte Essenz Gottes gebadet. Alles war still und schweigend, bis auf das hypnotisierende Lied des sich schlängelnden Baches, der geschickt die Funken der umherschweifenden Mondstrahlen auffing und sie in unsere Gesichter hinaufblinkte. Der Wind war still, als ob er seinen mächtigen Atem in Erwartung eines großen Ereignisses anhielte. Das Mondlicht wurde durch die Espen gefiltert, und es verwandelte die goldenen Blätter in wahre Pretiosen. Mutter Natur mit ihren magischen Kräften war eine wirklich hervorragende Meisterin. Sie war die Hohepriesterin, die Zauberin, die weiße Magierin aller Zeiten. Sanft berührte sie die goldenen Espenblätter, mit ihrem Stab aus Mondlicht ließ sie ihre Alchimie auf sie wirken und verwandelte sie in strahlende Goldtaler. Das hohe Firmament lebte in schwingenden Bewegungen. Die Sterne tanzten und glitzerten in vielfältigen Farben. Sie passen sich zeitlich dem Rhythmus der donnernden Herztöne der Natur an.

Wir saßen auf dem Bergkamm und nahmen still die reinen Bergschwingungen auf, die uns umflossen. Sie flossen durch unser Sein und ließen den bleibenden Nutzen großer Friedlichkeit zurück. Wir hatten viel zu besprechen in dieser Nacht, aber die Mächtigkeit der Schöpfung hielt uns in schweigender Andacht. Die Unschuld der Natur war sehr tief. Ihre Reinheit inspirierte am meisten. Diese heiligen Nächte in unserer offenen Kathedrale gaben unseren beiden müden Seelen die heilige Verbindung, nach der sie immer dürsteten. Der Luxus unserer Kirche war wahrhaft in Begriffen von Reichtum nicht zu messen. Behutsam traten wir auf einem Teppich glitzernder Smaragde ein. Wir saßen auf Sitzen, die mit Türkisen und Pyritsteinen verziert waren. Unser berauschender Weihrauch aus Salbei und Kiefer vermischte sich köstlich mit Holzrauch. Er trieb leicht durch die klare Luft. Die Seitenschiffe waren gedrängt voll von Sträußen tiefgrüner Vogelbeere, schwer behangen mit den Beeren aus glänzenden Rubinen. Die Bergtürme streckten ihre silbernen Spitzen hoch hinauf in das Haus Gottes. Sie funkelten in ihrer mondbeschienenen Vergoldung. Das Dach unserer Kathedrale war das meisterhafte architektonische Kunsthandwerk der Götter, denn als wir unsere Köpfe hoben, wurden wir zu vollkommener Ergebenheit vor dem großen Entwurf des Universums reduziert. Und in der Mitte all dessen war unsere immerleuchtende Kugel ewigen Lichts – der Mond.

In unserer Kirche gab es keine von Menschen gefertigten Gegenstände. Es gab keine Statuen – wir brauchten keine Erinnerung daran, wo wir waren oder wer hier wohnte. Unsere Kirche hatte keine teuren Fenster aus buntem Glas – wir hatten die Sterne. In unserer Kirche wurde keine Musik gemacht – wir hatten die Symphonie der Sphären. In unserer Kirche gab es keine Menschen in Sonntagskleidern – um uns herum waren alle Geschöpfe Gottes, um miteinander zu huldigen. Unsere Kirche hatte keine Kollekte – wir geben uns selbst ganz dem Willen Gottes. Unsere Kirche hatte keine Predigt – wir hörten auf den Atem des Großen Geistes. Unsere Kirche hatte keinen repräsentierenden Priester, Pfarrer oder Rabbi – wir öffneten die Tür zu unserer Seele und ließen die glorreiche Seele Gottes leise eintreten.

Die ganze Natur bezeugte Gottes Existenz. Wer sich die Zeit nahm, sich ihr zu öffnen, würde in Gottes Gegenwart willkommen geheißen werden. No-Eyes konnte nie verstehen, warum die Menschen es für so notwendig hielten, dem Großen Geist nur an einem Tag der Woche und in einem besonderen Gebäude zu huldigen. Sie war traurig, daß die Leute soviel Geld dafür ausgaben, ihre Kirchen reich zu beschmücken, wenn das gleiche Geld dazu benutzt werden konnte, die Armen zu kleiden und zu nähren. Vor allem war sie traurig darüber, daß die Menschen von heute die Seele Gottes an ein Gebäude fesselten. Bereitwillig stimmten wir ihr zu. Auch wir konnten dies nicht verstehen. Bill und ich sind beide in streng katholischen Familien aufgewachsen, haben streng katholische Schulen besucht, wurden in der katholischen Kirche getraut, und doch ging etwas Wesentliches ab. Es fehlten Teile des Puzzles. Die Dinge paßten nicht zusammen, und wir begannen, die verlorenen Teilchen zu suchen. Wir sahen die Extravaganz der Kirche und wunderten uns. Wir hörten die dogmatischen Lehren und stellten Fragen. Wir sahen, daß bedeutende Veränderungen stattfanden, und wir sahen die Taten der Menschen. Wir sahen starre Regeln – wo war das endlose Erbarmen Gottes? Wir sahen unser Licht und folgten ihm.

Unsere Kinder sehen ein Sommergewitter und sind sich der Macht Gottes bewußt. Sie hören das schwache Zwitschern junger Vögelchen, und sie sehen, wie Gott für seine Kinder sorgt. Sie untersuchen ein Vogelnest und wissen, daß Gott bestimmte Instinkte gegeben hat. Schweigend schauen sie zu, wenn ein Wapiti vorsichtig aus dem Waldrand hervortritt, und sie sehen die Unschuld von Gottes Geschöpfen. Sie beobachten den Nachthimmel und fühlen Gottes Gegenwart. Sie werden nicht einmal pro Woche irgendwo in vier Wände geschleppt, um auswendig gelernte Gebete aufzusagen. Sie schaffen sich jeden Tag in unserer herrlichen Kathedrale, die von der liebenden Hand Gottes gebaut wurde, ihre eigenen Gebete.

Bill und ich verließen unsere Kirchenbank im Freien und begannen, ins Tal hinunterzusteigen. Hand in Hand schritten wir leise durch die andächtige Stille. Wir erreichten den schnellfließenden Bach und folgten ihm. Die Berge stiegen an drei Seiten hoch über uns hinauf. Wir waren allein in den friedvollen Armen der Natur. Keinen von uns verlangte es danach, die Stille zu zerstören, obwohl wir viel zu besprechen hatten.

Ich brach das Schweigen mit meinem Flüstern. «No-Eyes hatte heute viel zu sagen.»

«Das hatte sie sicher. Hat sie immer.»

«Wir haben über das Ende gesprochen.»

«Irgend etwas Genaueres?»

«Das kommt an einem anderen Tag. Wir haben über die Gläubigen und Ungläubigen gesprochen.»

«Ziemlich heikles Thema, würde ich sagen.»

«Ja.»

Wir hielten an, um auf ein fernes Planschen zu horchen. Die Biber gingen an die Arbeit.

«Nun, was hatte sie zu sagen?»

«Sie sagte, ich sollte mir über alle die Leute in der Stadt keine Sorgen machen.»

«Das habe ich dir auch schon gesagt.»

«Ich weiß, aber sie hat es in ein anderes Licht gestellt.»

«So?»

«Sie sagte, daß Gott einen Schlußstrich ziehen wird, also warum nicht auch ich.»

«Das ist eine geschickte Art, es zu sagen. Sie hat recht, weißt du. Du kannst nicht die ganze Zeit diese schlechten Sachen fühlen.»

«Ich wünschte nur, du würdest sie auch fühlen, dann würdest du besser verstehen.»

Er drückte meine Schulter. «Vielleicht werden sie jetzt nicht mehr so stark sein. Vielleicht wirst du sie jetzt abschütteln können, statt dir von ihnen weh tun zu lassen.»

«Ich hoffe es sehr. Es passiert genug, auch ohne zusätzliche negative Belastungen.»

«Was hat sie denn sonst noch gesagt?»

«Sie hat das Thema der Brüderschaft angeschnitten. Es ging wieder im Kreis herum. Sie war guter Laune und hat versucht zu scherzen. Ich war wohl nicht in der richtigen Stimmung. Jedenfalls wußte sie alles darüber und hat bestätigt, daß es ein Informationszentrum sein wird.»

«Uff! Ich wollte wirklich nicht, daß sich das wieder ändert.»

«Nein, mach dir keine Sorgen. Es wird nur ein Zentrum sein, in dem wir mit anderen teilen und Briefe beantworten.»

«Teilen?»

«Ja, sie sagte, daß wir Leute für zwanglose, abendliche Diskussionen vorbeikommen lassen können. Weißt du, so zwei Abende im Monat, oder was auch immer wir entscheiden.»

«Das klingt nicht schlecht.» Er stieß mich leicht in die Rippen. «Wäre es nicht schön, wirklich ehrlich mit anderen Gläubigen zu teilen?»

«Und wie. Aber No-Eyes wollte auch meine Reaktion sehen, als sie mich gefragt hat, was ich tun würde, wenn einige dieser Menschen No-Eyes' Lektionen lernen wollten.»

«O je, das ist aber etwas ganz anderes, nicht? Was hast du denn dazu gesagt?»

«Ich habe ihr gesagt, daß wir keine Schule aufziehen.»

«Gut.»

«Aber ich habe auch gesagt, daß es davon abhängen würde, was ich in dem individuellen Menschen sehe. Ich glaube, es würde von den Umständen abhängen und davon, wie jede Gruppe miteinander umgeht, meinst du nicht?»

«Ich bin mir nicht sicher. Ich weiß nicht, ob wir uns darauf einlassen sollten. Zum einen sind ihre Lektionen wirklich kompliziert. Es würde mehr Zeit als einen Abend brauchen, um auch nur eine Lektion durchzuziehen. Nein, ich glaube nicht, daß es eine gute Idee wäre. Ich glaube, was passieren wird, ist, daß die Gruppe sich an bestimmten Tagen im Monat trifft. Wir werden jeden willkommen heißen, der an dem Abend dazukommen will, und wir werden einfach herumsitzen und über alles reden, was sie wollen. Das klingt, als ob Freunde einen zwanglosen Abend teilen.»

«Das glaube ich auch.»

«Du könntest immer noch ihre Techniken in einem Lehrbuch beschreiben.»

«Nein, das will ich nicht. Du kannst diese Sachen nicht in Bücher packen. Erinnerst du dich, Schatz, wie No-Eyes mir immer gefolgt ist, wenn sie mich irgendwo hingeschickt hat? Das kann ich nicht, wenn die Leute ihre Lektion lesen. Sie könnten in wirkliche Schwierigkeiten kommen. Nein, diese Lektionen könnten nie auf Papier stehen. Sie können nur mit einem Lehrer erfahren werden, der beobachten kann, was los ist.»

«Ja, das habe ich vergessen. Einige Bücher zeigen jedoch Techniken.»

«Nicht *ihre*», lachte ich.

Er stimmte zu. «Sie ist schon eine bemerkenswerte Dame, nicht?»

«Mmh!», ahmte ich ihren Tonfall nach.

Auf dem Rückweg zum Haus sprachen wir über die Ungläubigen. Wir kamen zu dem Ergebnis, daß es für uns wirklich an der Zeit war, die Entscheidung, die sie getroffen hat, zu akzeptieren. Von dieser Nacht an wollten wir unsere Energien dafür verwenden, den Suchenden zu helfen, die zu uns geführt wurden. *Wir* waren nicht mehr damit beschäftigt, Menschen aufzusuchen. Ein Teil unserer Last war von uns genommen. Und es fühlte sich wunderbar an.

Mein nächstes Treffen mit der alten Frau war am Dienstag der folgenden Woche. Auf der Fahrt zu ihr hinaus fühlte ich ein deutliches Zögern. Ich spürte, daß eine ernsthafte und schwierige Diskussion bevorstand. Es war ein wunderbarer Tag, und ich fühlte mich seltsam verstimmt. Als ich von der Straße abfuhr und den Motor abstellte, spähte ich aus dem Fenster und sah den Hügel hinauf zu ihrer Hütte. Aus dem alten Schornstein kräuselte Rauch. Es war friedlich genug, aber ich wußte, wie sehr oberflächliche Friedlichkeit täuschen konnte. Der heutige Tag würde schwer werden; meine Sinne warnten mich, gerüstet zu sein.

Als ich in die Wärme der Hütte eintrat, meditierte die alte Frau. Auf Zehenspitzen schlich ich leise zum Sofa und setzte mich. Vorsichtig lehnte ich mich zurück, schloß die Augen und wartete auf ihre Wiederkehr. Das Feuer brannte leise, und seine hypnotisierende Wärme ließ mich in erholsamen Schlaf fallen.

Als der vielbeschäftigte Verstand ruhte, sauste der Geist schnell davon. Ich war weit über der Erde, und sie war wunderbar. Eine langsam rotierende Masse von Blau- und Grüntönen. Ein wahres Meisterstück des Göttlichen. Ich sah mich um. No-Eyes war hinter mir.

«Summer hat nicht so lang gebraucht, wie No-Eyes dachte.»

«Deine Hütte war so anheimelnd. Das hat mich schläfrig gemacht.»

«Das sollte so sein.»

«Macht denn bei dir alles das, was es soll?»

«Das will ich schwer hoffen.»

«Sogar ich.» Ich grinste.

«Ja, sogar Summer.» Sie lächelte zurück. Ich sah wieder hinunter. «Es ist wunderbar, nicht wahr, No-Eyes. Es sieht so friedlich aus.»

«Summer muß genauer hinsehen! Es ist nicht voll Frieden.» Wir schwebten hinab. Wir kamen durch die oberen atmosphärischen Wolken. Die Sicht war so klar und deutlich. Mein Mund klappte auf. Ich konnte meine Augen nicht abwenden, als der große Planet sich zur Seite neigte. Er wackelte und schien sich dann zu stabilisieren.

«Mutter Erde hat große Schmerzen. Sie ordnet sich neu.»

Ich war fasziniert. Ich hatte die alte Frau in dem feinen Äther der Zukunft getroffen.

«Wir gehen schauen.» Sie ging voran.

Ich folgte voll wilder Neugier. Ich folgte ihr über die Gegend der Vereinigten Staaten. Ich erkannte sie kaum wieder. Vorher war es schwierig genug zu erkennen, wo die einzelnen Staaten lagen. Ich war es immer gewohnt, die Trennlinien auf einer Landkarte anzuschauen. Jetzt brauchte ich unbedingt ihr scharfes Auge und ihre fachmännische Beschreibung. Wir überblickten den gesamten Kontinent Nordamerika. Die vertraute, geographische Form veränderte mit hoher Geschwindigkeit ihre Umrisse. Wir schauten die Bewegungen an, als ob wir sie durch ein sich ständig veränderndes Kinderkaleidoskop sähen. Doch dies war kein Spiel. Die Erde war kein Spielzeug. Dies war wirklich. Alles war nach rechts runtergekippt. Alaska war jetzt die Spitze von Nordamerika. Mexiko war nicht mehr im Süden, sondern im Westen. New York war nur teilweise zu sehen.

Bei näherer Untersuchung stellten wir fest, daß die gesamte Ost- und Westküste von Nordamerika verschwunden war. Florida schien ganz von dem Kontinent abgerissen zu sein. Die größten Grabenbrüche waren gesprungen. Der San Andreas brach durch das Land, als ob ein Riese ein dünnes Stück Papier zerreißen würde. Der abgerissene Fetzen trieb ins schäumende Meer hinaus.

Die Wasser der Welt rauschten buchstäblich in einer riesigen Bewegung zurück, hielten inne und brandeten wieder heran, um eine neue Ebene der Balance zu suchen. Diese große Bewegung überspülte Hunderte von Inseln. Hawaii war verschwunden. Borneo, Sumatra, die Philippinen, Japan, Kuba, Großbritannien – alle in einem Augenblick verschwunden!

Wir näherten uns den Vereinigten Staaten. Sie waren durch den Fortfall der Küstengebiete nicht mehr so breit. Michigan war von wütend tosendem Wasser überdeckt. Das obere Michigan war dadurch weggerissen worden, weil sich der Superior-See einen Notausgang geschaffen hatte. All das Wasser der Großen Seen stürmte abwärts und folgte dem Mississippi. Bedeutende Landgebiete auf beiden Seiten des Mississippi waren überflutet und nicht zu sehen. Die kraftvolle Gewalt des stürmenden Wassers grub einen großen Graben. Das Landgebiet unterhalb von Michigan war untergegangen. Überall war Wasser. Unterhalb einer imaginären Linie von Houston bis in die Gegend von Raleigh in North Carolina gab es kein Land. Der größte Teil von New York, Pennsylvania und Ohio lag unter Wasser. Ebenso ganz Michigan und Indiana. Die Vereinigten Staaten waren jetzt vollständig geteilt. Der östliche Teil war eine Insel.

«Das Wasser wird später zurückgehen. Es wird nicht immer eine Insel sein.»

Ich war erleichtert, das zu hören. Dies war so unglaublich. Wenn die Zeit für diese Veränderung kam, würde es lange dauern, bis die Überlebenden ein konkretes und genaues Bild über das Ausmaß des Schadens würden haben können. Ich schaute weit nach links und sah, daß das ganze Küstenland westlich der Sierra Nevada verschwunden war.

Ein großer Teil des Appalachian Range teilte sich und breitete sich aus. Der Great Divide schien relativ unberührt. In großen Teilen des Westens spieen Vulkane.

«Wir werden näher rangehen.»

«Dies ist nah genug.» Ich wollte die Menschen nicht sehen.

«Summer erinnert sich an ihren Traum, was?»

Ich nickte.

«Summer muß es sehen. Wir gehen jetzt.»

Zögernd folgte ich ihrem wunderbaren Geist.

Das Bild von der Erde wuchs, als ob wir sie durch ein Teleskopobjektiv betrachten würden. Wir kamen direkt über Omaha in Nebraska herunter.

Ich fühlte mich, als ob ich einen Horrorfilm anschaute, der dem Geist des Bösen entsprungen war. Scheußliche Szenen mit lebhaften Details liefen vor meinen Augen ab. Die Stadt lag in Trümmern. Offenbar erschütterte ein starkes Beben die Stadt. Die hohen Gebäude blieben als nackte, eiserne Skelette zurück. Beton und Glas lagen in riesigen Schuttbergen verstreut. Die Menschen schrien hysterisch und liefen Amok. Überall war geronnenes Blut. Zerquetschte und verstümmelte Körper lagen in Agonie über den Toten. An den Gasrohren brannten Feuer wie Fackeln. Von den Stromleitungen sprühten Funken. Es war das totale Chaos.

Wir schwebten hinaus in die Vororte. Die Szenen hier waren weniger drastisch in ihrer Zerstörung, aber sie waren typisch für die größere Stadt. Die flachen Gebäude waren eingeebnet und die, die noch standen, wurden von Scharen rücksichtsloser Menschen angegriffen. Sie schwärmten in jeden Laden, der irgendeine Art Nahrung hatte. Sie trampelten übereinander, kümmerten sich wenig um die Verletzten, die unter ihren Füßen lagen. Ich konnte nicht fassen, daß die zivilisierte Menschheit so schnell auf so animalische Überlebensinstinkte reduziert werden konnte. Sie waren zu den niedrigsten Handlungen herabgesunken. Sie hatten Horden gebildet; einige stromerten nur herum, einige stürmten Privathäuser in dem Bemühen, sich zu holen, was auch immer sie finden konnten. Die Besitzer schossen in die Menge. Sie versuchten verzweifelt, ihr Reich zu verteidigen. Tiere rannten frei herum. Der Zoo war von dem Erdbeben betroffen, und die Käfige waren verbogen, so daß Drähte und Türen locker wurden. Die wilden Geschöpfe waren von ihrer plötzlichen Freiheit verwirrt. Löwen und Pumas zerfleischten schreiende Menschen. Die Elefanten jagten in einer Herde umher und versuchten zusammenzubleiben. Reptilien trieben sich auf den Straßen herum. Mir wurde schlecht. Ich hatte die Geistesgegenwart, an die Hütte zu denken.

Mein Körper war warm. Der kleine Raum war still. Ich öffnete meine Augen und ließ sie die ruhige Atmosphäre genießen. Doch noch vibrierten meine Ohren von dem Brüllen und den Schreien aus der Zukunft.

No-Eyes öffnete ihre Augen und starrte geradeaus. Sie begann, sanft zu schaukeln. Rumpel – quietsch, rumpel – quietsch. Ich sprach leise. «Warum mußtest du das tun?»

«Es war nötig.»

«Das habe ich nicht gebraucht. Ich hatte eine ziemlich gute Vorstellung davon, wie schrecklich es sein wird.»

«Vorstellung ist nicht dasselbe wie Wissen und Fühlen.»

«Das kannst du laut sagen.»

Rumpel – quietsch. Rumpel – quietsch.

Schweigen.

Rumpel – quietsch. Rumpel – quietsch.

«No-Eyes, warum kann Amerika nicht wie die Schweiz sein? Weißt du, daß sie auf solche Sachen vorbereitet sind?»

«Ja. No-Eyes hat das gerade gesehen.»

«Es ist zu schade, daß wir es nicht sind.»

«Ja. Es ist zu schade.»

Ich lachte ein bißchen. «No-Eyes, vor ungefähr einem Jahr hat eine Zeitung in Colorado Springs einen Katastrophenschutzplan für den Fall einer nationalen Katastrophe veröffentlicht. Es war eine so offensichtliche Farce! Ich konnte nicht glauben, daß es wahr war. Ich konnte nicht glauben, daß die Regierung das ernst meinte, und daß die Leute das glaubten. No-Eyes, nach diesem Plan sollten die Leute Nahrungsvorräte in ihre Autos packen und in Hilfslager oder hinauf in die Berge fahren. Kannst du dir einen angeblich geordneten Abzug angesichts einer größeren Katastrophe vorstellen? Es war total lächerlich!»

«Das ist traurig.»

Ich hörte auf mich zu ereifern. «Ja, das ist es. Es ist sehr traurig.»

«Was hat Summer gefühlt?»

«Du hast mein ganzes altes Mitgefühl zurückgebracht. Du hast meinen drängenden Zeitdruck zurückgebracht. Die war ich gerade losgeworden, und du hast sie alle zurückgebracht.»

«Die brauchst du nicht.»

«Ich kann nichts dafür! Soll ich ihre Agonie *nicht* fühlen? Soll ich *nicht* mehr den Druck fühlen, dafür zu sorgen, daß die Nachricht verbreitet wird?»

«Summer, heute ist nicht anders als gestern. Es gibt keinen Grund, anders zu fühlen. Die Dinge sind an beiden Tagen gleich.»

Ich dachte einen Augenblick über das, was sie gesagt hatte, nach. «Das sehe ich ein, aber die Erinnerung an das, was kommen wird, sucht mich heim. Sie wird sich in meine Tage drängen...»

«*Nein!* Das geschieht nur, wenn Summer es zuläßt! Summer muß all diese Dinge an die rechte Stelle tun! Was wir gesehen haben, was die Menschen tun, das ist ihre eigene Schuld. Der Große Geist läßt die Schwingungen der Leute los. Er beendet die Kontrolle der Seelen über die Dinge. Er sagt den Seelen, daß sie aufhören sollen, Mutter Erde zu verteidigen. Er sagt, es ist Zeit loszulassen! Es ist Zeit, daß die Leute sehen, was sie mit ihren Gedanken gemacht haben, was sie mit der Art gemacht haben, wie sie leben! Summer, die Leute machen, daß all das geschieht. Es sind die *Auswirkungen* ihrer eigenen Gedanken.»

«Du hast recht. Sie werden das alles selbst herbeiführen.»

«Ja! Das ist ein großer Teil der Säuberung, die der Große Geist vornehmen wird. Das ist sein Anfang.»

«Das vergesse ich dauernd. Ich vergesse dauernd, daß Gott den Massen erlauben wird, sich selbst zu bestrafen.»

«Das stimmt! Summer darf das nicht vergessen! Das ist wichtig. Das ist sogar der Grund für Veränderungen.»

«Ich habe viel zu tun.»

«Es ist immer noch reichlich Zeit.»

«Was heißt reichlich?»

Sie hörte auf zu schaukeln. Sie schwieg.

«No-Eyes!»

Der Schaukelrhythmus begann wieder.

«Du hast sogar noch ungefähr sechzehn Jahre – vielleicht.»

«Vielleicht?»

«Es geht sogar noch davor los.»

«Krieg?»

«Ja.»

Als ob es nicht genug gäbe, was mir Sorgen machte. «*Welcher* Krieg?»

«Ein großer, auf der ganzen Welt.»

«Der *Dritte* Weltkrieg?»

Ich sprang vom Sofa.

«Setz dich hin!» schrie sie.

Ich tat es nicht. Ich ging auf und ab.

«Ich kann mich nicht hinsetzen. Sag mir, wovon du sprichst!»

Sie schaukelte stur – schweigend.

Ich lief mit meinem Anfall von Angst herum.

Schließlich sprach sie ruhig und gleichmäßig. «Summer muß sich beruhigen, bevor No-Eyes etwas sagt.»

Rasch setzte ich mich auf das Sofa. Ich wartete fast zehn Minuten, ehe sie wieder sprach.

«Jetzt ist Summer ruhiger. Jetzt wird No-Eyes weiter von den Dingen unterrichten, bei denen sie so rüde unterbrochen wurde.»

«Tut mir leid, aber du hast mich wirklich aus der Bahn geworfen. Du hast das völlig überraschend auf mich losgelassen.»

«Summer sollte an Unerwartetes gewöhnt sein.»

«Du weißt verdammt gut, daß ich das bin.»

«Das sieht so aus. Summer soll nicht fluchen.»

«Wenn das das einzige ist, was ich im Leben je tue, macht es mir keine Sorgen.»

«Das ist in Ordnung. Summer macht's ganz gut im Leben.»

«Jetzt, wo wir das geklärt haben, würde ich gerne von diesem Krieg hören. Wann wird der kommen?»

«Welcher Krieg?»

Schweigen. Ich hatte genug von unseren albernen karussellartigen Unterhaltungen. Ich war es leid, mit Worten meinem eigenen Schwanz hinterher zu jagen. Ich kochte in wütendem Schweigen.

Sie schaukelte in unserem Schweigen. Sie gab mir Zeit nachzudenken.

Und das tat ich. Ich dachte an all die scheinbar unsinnigen Diskussionen, die wir gehabt hatten, und daran, daß sie immer dazu gedient hatten, das Thema klarer zu machen. Sie führte mich in Wortkreisen, bis meine eigenen Erkenntnisse uns hinausführten. Ich dachte darüber nach, welch fähigen Lehrverstand sie besaß. Immer zwang sie die Schüler, die Antworten zu finden. Die verbalen Irrgärten gaben den Lernenden die notwendige Übung darin, ihre Gedanken selbst zu Ende zu denken. Dann trieben meine Gedanken zu den Diskussionen, die Bill und ich in der Zukunft mit den Fremden/Freunden haben würden, die kommen würden, um mit uns zu teilen. Ich sah mich selbst den Kreistanz mit ihnen anführen. Ich schämte mich, daß ich bei meiner alten, geduldigen Lehrerin hochgegangen war. «Es tut mir leid.»

«Na und! No-Eyes weiß das. No-Eyes wartet darauf, daß Summer das weiß.»

Sie war unglaublich. Mein Gott, war sie verständnisvoll!

«Ich werde jetzt zuhören.»

«Summer, *du* bist dran zu antworten. No-Eyes hat dich gefragt ‹welcher Krieg?›»

«Oh, ja.» Ich brauchte mehr Zeit, nachzudenken. Ich dachte laut. «Nun, wenn du mich das fragst, dann nehme ich an, daß der Krieg nicht wirklich zu einem ausgewachsenen Weltkrieg eskalieren wird. Irgendwie wird ein Krieg beginnen, und irgendwie wird er auch beendet werden. Und aus den anderen Andeutungen, die du gemacht hast, schließe ich, daß er *einige* ungünstige Auswirkungen auf unser Land haben wird. Wenn er vor den Veränderungen kommt, wird er innerhalb der nächsten fünfzehn Jahre kommen und...»

«Schau hin!», befahl sie und zeigte auf den Boden.

Ich starrte auf den dünnen, geflochtenen Teppich. Ich starrte, bis meine Konzentration so zentriert war, daß ich nichts sah als dichter werdenden Flaum. Ein rauchiges Wabern bedeckte meine Sicht. Ich sah ein Jahr. Ich blinzelte und schaute auf meine wartende Lehrerin. «Das ist viel früher, als ich erwartet hatte.»

«Ja. Er wird aus Afrika kommen.»

«Aber die Hüter werden ihn beenden, oder nicht?»

«Ja. Bald, nachdem er begonnen hat, werden sie die Kontrolle übernehmen.»

«Ich vermute, daß es nichts taugen würde, wenn die Welt zerstört würde, bevor Gott die Menschen das selber tun läßt.»

«Nee.»

«No-Eyes, dann haben wir wirklich gar nicht viel Zeit, oder?»

«Summer wird es gut gehen.»

«Ich glaube das, weil ich Vertrauen habe in das, was du siehst.»

«Summer muß Vertrauen haben, in das, was *Summer* sieht!»

Schweigen.

«No-Eyes, ich bin müde. Willst du mir sagen, was die Auswirkungen davon sein werden?»

«Hmm! Summer darf nicht faul werden!» Dann wurde sie weicher. «Summer ist nicht faul. Summer ist nur müde. No-Eyes sagt es.»

«Danke.»

«Große Bomben werden über den Himmel fliegen. Eine, vielleicht zwei, vielleicht noch mehr, werden hierher kommen. Es ist genug, die Energieversorgung zu unterbrechen. Es bringt Mutter Erde durcheinander. Sie wird beben – das Gas unter der Erde in Unordnung bringen. Das werden sie beenden. Dann kommen keine Bomben mehr. Siehst du?»

Was sie mir erzählte, war, daß Raketen eingesetzt werden würden, aber nur ein paar. Die Ziele der Raketen würden die Gebiete der Energieversorgung, der Kommunikation und der Waffenlager sein. Vielleicht würden die ersten Raketen hoch über der Erde explodieren und zunächst die Energieversorgung lahmlegen. Sie erwähnte die Hüter der Erde und sagte, daß sie ihre weit fortgeschrittene Technologie nutzen würden, um diesen Austausch zu beenden. Diese Hüter der Erde sind intelligente Wesen, die um das Wohlergehen der Erde in bezug auf mögliche ungünstige Kettenreaktionen hinaus ins Universum besorgt sind. Wir hatten mehrere längere Diskussionen über dies Thema. Sie waren sehr kompliziert, aber es war erleuchtend zu wissen, daß der Menschheit nicht zugestanden werden wird, sich selbst oder ihre wunderbare Welt zu vernichten. Sie setzte voraus, daß sie ein solch unseliges Vorkommen dadurch verhindern würden, daß sie ein Kraftfeld benutzen, das uns bisher unverständlich war. Dieses unbekannte Kraftfeld würde die Raketen auflösen, wenn sie darauf stießen. Es gab viele Begriffe, die meinem konditionierten Denken entsetzlich komplex erschienen. Einige handelten davon, das Verständnis von mehr Dimensionen zu erlangen. Andere Vorstellungen beinhalteten ein völliges Neudenken der theoretischen Physik. Ich hatte Chemie und Physik gelernt, aber einige ihrer Grundbegriffe standen in direktem Gegensatz dazu, und sie bewies sie. Unsere Welt hat einen langen Weg vor sich. Unsere Wissenschaftler brauchen einen offeneren Geist, wenn sie uns je weiter voranbringen wollen. Aber das ist ein ganz und gar anderes Thema, nicht wahr.

«Ich bin froh, daß ein großer Krieg nicht Wirklichkeit werden wird.»

«Es gibt dennoch viele Veränderungen, Summer.»

«Ja. Wenn die Technik betroffen sein wird, bin ich sicher, daß wir alle für eine Weile radikale Veränderungen werden vornehmen müssen. Wenn die Waffenarsenale hochgehen, wird das für bestimmte geographische Gebiete vernichtend sein. Ich kann auch die Konsequenzen davon sehen, daß die großen Gasleitungen explodieren. Du hast kein sehr schönes Bild gemalt, aber zumindest werden wir nicht ausgelöscht werden wie in einem globalen Krieg.»

«No-Eyes hat kein Bild gemalt. Es ist schon da.»

«Ich weiß. Das war nur eine Redewendung.»

«Summer denkt, daß Summer schlau ist. Sagt Sachen, die No-Eyes nicht kennt.»

«Und wer tut jetzt schlau?»

«Siehst du? Summer hat auch etwas Spaß.»

«Da ich keine Mittel habe, irgend etwas zu verändern, werde ich wohl das Unvermeidliche annehmen müssen.»

«Ja. Summer muß annehmen.»

Wir diskutierten über die kommende Veränderung auf der Erde.

«Es ist zu schade, daß die Leute die Zeichen nicht sehen.»

«Wovon sprichst du, No-Eyes?»

«Von Zeichen. Viele Zeichen für Veränderungen sind direkt vor der Nase der Leute. Sie sind blind! Sie sehen nicht!»

«Du meinst die Zeichen der Erde.»

«Ja. Was sonst?»

«Ich weiß, was du meinst. Weißt du, vor ein paar Jahren hatten Bill und ich eine große Weltkarte an der Wand. Jedesmal, wenn wir von einem Erdbeben oder Vulkanausbruch oder irgendeinem anderen ungewöhnlichen Ereignis hörten oder lasen, markierten wir den Punkt mit einem schwarzen Kreis. Es dauerte nicht lange, bis die Karte überall voller Markierungen war, so daß wir aufgaben. Wir konnten jedoch einen deutlichen Anstieg der Ereignisse feststellen. Ich vermute, daß das die Zeit war, als unser Freund zu uns kam.»

«Ja, das war genau damals.»

«Aber selbst heute bei all den ungewöhnlichen Wetterlagen stellen die Leute die Verbindung nicht her. Sie setzen sich einfach hin und schwatzen und sprechen darüber, wie merkwürdig die Dinge sind. Sie werden nie die Schrift auf der Wand sehen, selbst wenn sie deutlich buchstabiert wird.»

«Ja. Sie sind wirklich blind.»

«Und es ist nicht nur das Wetter, das die Hinweise gibt Es ereignen sich auch mehr Unglücke; Zugunfälle, Flugzeugabstürze, verrückte Unfälle, bei denen Hunderte von Menschen getötet werden. Sieh dir die Unruhe rings um die Welt an. Aber die Leute setzen die Teile *immer noch nicht* zusammen.»

«Nee. Den Helfern des Großen Geistes ist gesagt worden, sie sollen aufhören. Sie werden diese Geschehnisse nicht mehr verhindern. Der Große Geist wird die Dinge jetzt loslassen.»

«Ich weiß. Er hat uns das gesagt. Es werden immer häufiger immer mehr Unglücke passieren. So viele Zeichen – so viele.»

«Ja.» Rumpel – quietsch, rumpel – quietsch.

Mein Herz ist am Boden

Möge ich ewig das Andenken an No-Eyes bewahren und nie aufhören, ihren herrlichen Spirit Song zu hören.

Es war Winter. Die ganze Erde war gereinigt. Die schlafenden Espen waren liebevoll mit einem handgemachten Steppbett zugedeckt. Einem Steppbett, das Mutter Natur sorgfältig mit weiß funkelnden Fäden bestickt hatte. Die schweigende Welt des Winters glitzerte im Licht der frühmorgendlichen Sonne. Die dicke Decke schützte die winzigen Geschöpfe vor dem eiskalten Atem des Nordwindes. Der weiße Zuckerguß über dem gewundenen Bach war mit dem auffälligen Namenszug der Mutter Erde selbst ausgiebig dekoriert. Zarte Strudel und fedrige Striche bezeugten ihren natürlichen Instinkt für Schönheit. Unter dem vielschichtigen Zuckerguß blubberte und rauschte das alte Wasser über und zwischen den Granitfelsen und brauste abwärts, um loszubrechen und in einer Kaskade von Freiheit zu zerbersten.

Die Morgenstrahlen der Sonne brachen sich am entfernten Berggipfel. Sie überfluteten das Tal mit mystischem Licht, einem Licht, das die Fäden der großen Steppdecke berührte und es in schimmernden orangefarbenen Lichtreflexen zum Leben erweckte. Das Alpenglühen an einem Wintermorgen ist ein Flug in die Phantasie. Meine Winterwelt war ein prächtiges Meisterwerk Gottes. Es nahm mir den Atem. Die vollkommene Isolation eines einzigen Menschen inmitten einer solchen Fülle von Reinheit und Stille war schlicht ein Wunder.

Ein blauer Schatten zog über mir vorbei. Ich schaute hinauf in den blendend klaren blauen Himmel und beobachtete, wie ein Wanderfalke schweigend durch sein magisches Königreich glitt.

Verzweifelt gern wollte ich mich an diesem schönen Morgen kristallener Klarheit zu ihm gesellen. Ich wollte neben ihm fliegen; meine Flügel weit ausbreiten, die frische Winterluft in meiner Nase spüren, mein Herz im Takt mit ihm steigen und hinabtauchen, hüpfen und sinken lassen, aber ich konnte an diesem Tag nicht bleiben. Ich hatte bei der alten Frau einiges zu tun, und ich vermutete, daß ich schon lange überfällig war. Ich warf einen letzten sehnsüchtigen Blick auf den einsamen Segler und stapfte langsam den Hügel hinauf.

Grauer Rauch schlängelte sich dick aus dem alten Kamin hoch. Ich liebte die kleine Hütte. Sie war meine Heimat fern der Heimat geworden. Sie war einfach gebaut, aber für mich war sie ein goldener Palast. Ihre Einrichtung war abgewetzt und spartanisch, aber nicht in meinen Augen. Ich sah einen Ort, an dem ich herzlich willkommen geheißen wurde, einen Ort voller Liebe und Freundschaft, einen Ort, der von dem Licht eines lodernden Feuers hell erleuchtet war.

«No-Eyes denkt schon, Summer kommt heute nicht.»

Ich kicherte. «Erwartest du, daß ich dir das glaube?»

«Summer ist sehr spät! Was soll No-Eyes denken?»

«Du wußtest, daß ich kommen würde.»

«Summer braucht nicht so langen Schlaf.»

«Ich war früh auf.»

Sie drehte ihren Kopf zum beschlagenen Fenster. «Na und! Dann darf Summer nicht so lange unten im Tal bleiben!»

«Siehst du! Ich wußte, daß du es weißt.»

Sie grinste. «Mutter Erde ist glücklich heute, was.»

«Und wie.»

«Möchte Summer heute fliegen?»

«Nein. Ich würde gern einfach wieder am Feuer sitzen.»

«Der Winter macht Summer noch dick!»

«Bestimmt nicht.» Ich setzte mich auf den Boden beim Kamin. Ich schlang meine Arme um die Knie und ruhte mein Kinn auf ihnen aus.

No-Eyes saß neben mir auf dem Boden. Sie schwieg.

Wir saßen oft lange zusammen, ohne daß eine von uns das warme Schweigen unterbrach. Es war unsere besondere Weise, unsere Wesen, unsere Gegenwart, miteinander zu teilen. Dieses Schweigen vermittelte mehr liebende Worte, als es die schönsten Redewendungen hätten tun können. Das Feuer krachte und knisterte. Es blitzte seine flackernden orangefarbenen Spiegelungen über unsere nachdenklichen Gesichter. Wir waren zufrieden.

Als unser Schweigen länger anhielt, nahm ich ein irritierendes Gefühl im Raum wahr. Es störte mich. Ich schärfte meine Sinne. Ich spürte zwar keine störende geistige Wesenheit innerhalb der Grenzen der Hütte, aber irgend etwas war total falsch. Und es kam von der stillen, alten Frau. Ich rückte näher heran und legte meine Hand über ihre zerbrechlichen Finger. «Was ist los, No-Eyes?» fragte ich sanft.

Sie zuckte mit den knochigen Achseln. «Was ist? Warum denkt Summer, daß etwas los ist?»

«Ich denke, daß etwas los ist, weil du eine gute Lehrerin gewesen bist. Ich spüre es, darum.»

Sie sah zu mir auf. «Summer denkt, daß sie so schlau ist, was?»

«Ich glaube, du hast mich gut unterrichtet.»

«Zu gut vielleicht.»

«Dann sag mir, was los ist.»

«Summer soll nicht in No-Eyes' Kopf kommen!»

«Wir sind uns zu nah. Das ist nicht mehr zu ändern. Nun sag mir, was dich quält.»

«No-Eyes wird okay sein.»

«So leicht kommst du mir nicht davon. Ich rühre mich nicht, bis du es mir sagst.»

Sie erbebte in einem großen, schweren Seufzer. Schweigen.

«Ich warte.»

«Summer ist stur.»

«Nicht mehr als du. Wer hat mich gelehrt, hartnäckig zu sein? Wer war meine gründliche Lehrerin?»

Schweigen.

«Bitte?»

«No-Eyes ist traurig.»

Ich hatte sie nur einmal zuvor traurig erlebt und das war, als sie meinem Geist eine Erinnerung an das Volk eingeflößt hatte. Es war für uns beide eine äußerst erschöpfende und emotionale Erfahrung. Ich konnte mir nicht vorstellen, was plötzlich ihren gegenwärtigen Zustand so tiefer Melancholie verursacht hatte. Ich glaubte auch nicht, daß sie es mir sagen würde. Ich unterband alle bewußten Gedanken. Ich streckte mich weit hinaus in den Geist der Alten. Eine große Hand zerriß mir fast das Herz. Mein Hals war zugeschnürt. «*Nein!* Ich *lasse* dich nicht gehen!»

Sie streichelte meine Hand. «Summer kann nicht helfen.»

«Natürlich kann ich! Du kannst bei uns leben! Wir werden uns *immer* um dich kümmern!»

Sie stand auf und setzte sich in ihren Stuhl. Sie schwieg.

Ich rückte zu ihr herüber und legte meine Hände auf ihren Schoß. Ich hielt die dünnen, braunen Hände fest. «Du *kannst* nicht weggehen. Wo gehst du hin?»

Sie legte eine Hand auf meinen Kopf. «Summer, No-Eyes hat von den Chippewa-Freunden hier in den Bergen erzählt. Wir gehen alle bald zurück nach Hause. No-Eyes ist fertig hier.»

Ich war durcheinander. Ich war beinahe hysterisch. «Aber du kannst *sie* gehen lassen! Ich meine, *du* mußt doch nicht auch gehen! *Dies* hier ist dein Zuhause!»

«Summer», flüsterte sie liebevoll, «dies ist nur das Klassenzimmer. No-Eyes muß für ihre Sachen nach Hause gehen. No-Eyes muß sogar ziemlich bald gehen.»

«Das verstehe ich nicht. *Warum* mußt du nach Hause gehen? Du bist doch seit Jahren hier! Bitte, No-Eyes, *bitte,* geh nicht fort!» Ich begann zu weinen.

Zärtlich schob sie meinen Kopf auf ihren Schoß hinab. Sie streichelte mein Haar, während ich weinte. «Summer, No-Eyes ist fertig mit den Dingen hier, No-Eyes ist *ganz* fertig.»

Diese einfachen Worte, so liebevoll gesprochen, donnerten mit der Gewalt von tausend Büffeln durch meine Welt. Ich konnte nicht glauben, was ich hörte. Ich wollte es nicht glauben. Der Gedanke, meine geliebte alte Freundin zu verlieren, stieß mich in tiefe Verzweiflung. Sie verließ mich. Ich schluchzte zum Erbarmen und zerknitterte ihr Kleid mit meinen Fingern. Ich umklammerte ihre Taille, ich hielt sie so fest wie ich konnte. Es würde nicht fest genug sein, nichts konnte fest genug sein. Ich wußte, was sie sagte. *O Gott!* Warum mußte ich verstehen!

Sie streichelte weiter mein Haar. Ich fühlte einen Tropfen auf meine Stirn fallen.

«Es ist alles okay, Summer. Alte Lehrer müssen gehen. Neue Lehrer müssen kommen. So soll es sein. No-Eyes wird auf dem Weg sein. Summer wird auf dem Weg sein. So soll es sein.» No-Eyes begann sanft meinen Kopf auf ihrem Schoß zu wiegen.

Ich wußte, daß sie auch weinte. So blieben wir und versuchten schweigend, gegenseitig unser innerstes Wesen zu greifen, solange wir es noch konnten. Das Feuer knisterte. Und draußen peitschte der Winterwind die Ecken der Decke um die einsame Hütte hoch, die zwei Frauen in ihren warmen Wänden geborgen hielt; die eine, die gerade ihr Zuhause fand, die andere, die gerade nach Hause ging – nach Hause, um zu sterben.

Nachwort

Nach diesem aufwühlenden Wintertag mit No-Eyes lief ich tagelang mit gebrochenem Herzen herum. Die Tatsache, daß sie nach Hause ging, war traurig genug, aber das Wissen, daß sie nach Hause ging, um zu sterben, war niederschmetternd. Bill gab sein Bestes, um mir zu helfen, meine tiefe Trauer und das Gefühl nahenden Verlustes zu überwinden. Sein großes Mitgefühl und Mitleid waren tapfere Versuche, aber über diese Hürde mußte ich allein springen.

Während die Wochen vorbeizogen, und die Winde des Winters um die alte Hütte stürmten, ging ich No-Eyes oft besuchen. Überraschenderweise gab es tatsächlich Zeiten, zu denen wir den furchtbaren Tag vergessen konnten, an dem sie nicht mehr da sein würde. Meine Lektionen waren vorüber. Wir verbrachten lange Stunden damit, über die Dinge zu sprechen, die ich gelernt hatte; Dinge der Zukunft und wie ich mit ihren Lektionen umgehen sollte. Wir diskutierten das Schicksal der Suchenden, den verwirrenden Pfad dieser Suchenden, wie ihnen zu helfen wäre, wie Mitgefühl und Verständnis gezeigt werden könnten – Liebe und Licht.

Unsere Tage waren wunderbar. Unsere einzigartige Verbindung war eine fast sichtbare Sache. Ich besuchte sie den ganzen Winter über. Sie sagte mir, daß es noch dauern würde, bis ihre Freunde gingen. Wir hatten noch viel Zeit.

Der Winter räumte dem Frühjahr den Weg. In der frischen Bergluft hing schwer ein neuer, süßer Geruch. Ich war begierig, zu ihrer Hütte zu kommen. Ich hielt nie mehr unterwegs an. Ich hatte Angst, unsere verbleibende Zeit zu beschneiden. Ich stellte den Wagen ab, und als ich ihren Hügel hinaufkletterte, fiel mir auf, daß ihre Vordertür offen war. Ich überlegte, daß sie wahrscheinlich die frische Luft hereinließ. Ich konnte hören, wie sie sich drinnen bewegte. Sie mußte etwas fallen lassen haben, denn ich hörte Glas splittern.

Ich rannte die Stufen hinauf, um zu sehen, ob ich ihr helfen konnte. Ich blieb abrupt stehen, als ich die offene Tür erreicht hatte. Die Hütte war leer!

Mein Herz fiel mir in den Magen. Mir war schlecht. Gerade als ich eintrat, schoß ein Waschbär schnell an meinen Füßen vorbei. Er hatte in der leeren Küche herumgewühlt. Ich war taub. Wie hypnotisiert bewegte ich mich durch den Wohnraum. Sie hatte all ihre Möbel weggegeben, genauso, wie sie es angekündigt hatte. Mir war so schlecht.

Ich betrat die winzige Küche. Meine Schritte hallten in ihrer Einsamkeit wider. Ich öffnete die Schränke. Leere Gläser, Krüge, Schachteln und Flaschen gafften mich an. Sie hatte ihre Inhalte an Mutter Erde zurückgegeben, genauso, wie sie es gesagt hatte. Ich fuhr mir der Hand über das Fensterglas. Der Himmel war klar, genau wie an dem Tag, als wir mit dem Falken geflogen waren. Ich lehnte meinen Kopf gegen das Fenster und weinte wie ein kleines Kind.

Ein Sonnenstrahl reichte herein und blendete mich. Ich wischte meine geröteten Augen und lief zur Tür. Ich stand im Türrahmen und überblickte den Raum ein letztes Mal. Ich sah keine nackten Wände. Ich sah das Licht des Feuers auf ihnen flackern. Ich sah keinen kalten Steinkamin. Ich sah ein knisterndes, flammendes Feuer. Ich sah keinen kahlen Raum. Ich sah einen Schaukelstuhl, der sanft rumpelte und quietschte. Ich sah nicht die Dunkelheit im Innern. Ich sah eine Hütte, die einst voller Liebe war, eine Hütte, die einst hell von der visionären Weisheit einer sanften alten Frau erleuchtet war.

Es war ein kostbarer Teil meiner Vergangenheit, und sanft, sehr sanft, schloß ich die Tür.

Inhalt

George Leonhard
Der Rhythmus des Kosmos (7959)

Lawrence LeShan
Von Newton bis PSI
Neue Dimensionen im Umgang mit der Wirklichkeit (7966)

Douglas Lockhart
Wer den Wind reitet
Ein westlicher Weg zum Selbst (8370)

Jeff Love
Die Quantengötter
Ursprung und Natur von Materie und Bewußtsein (8418)

Bruno Martin
Handbuch der spirituellen Wege
Überarbeitete Neuausgabe (7909)

Hermann Meyer
Astrologie und Psychologie
Eine neue Synthese (7995)

Peter O'Connor
Innere Welten
C.G. Jung verstehen – sich selbst verstehen (8438)

Psychologie in der Wende
Grundlagen, Methoden und Ziele der Transpersonalen Psychologie. Eine Einführung in die Psychologie des Neuen Bewußtseins.
Herausgegeben von Roger N. Walsh und Frances Vaughn (8362)

Jeremy Rifkin
Kritik der reinen Unvernunft
Pamphlet eines Häretikers (8317)

Theodore Roszak
Mensch und Erde auf dem Weg zur Einheit
Ein Manifest (7998)
Das unvollendete Tier
Eine neue Stufe in der Entwicklung des Menschen (7913)

C 2296/2 a